丁永培 에세이集

노을도
붉게 타면
아름답다

전남대학교출판문화원

노을도 붉게 타면 아름답다

길이 멀어야 나귀의 힘을 알고
(路遙知馬力)
세월이 많이 흘러야 사람의 깊은 마음을 안다
(日久見人心)

노년의 향기

어떤 때는 보는 사람의 이름이 생각나지 않아, 한참을 힘들어 하고, 말을 하다가 다음 말이 생각나지 않아, 말이 끊기기도 한다. 지금껏 알고 있었던 어휘들이 갑자기 생각나지 않아, 미간(眉間)을 찌푸리며 알아보려고 하지만 허사다. 이런 일이 부지기수이고, 날이 갈수록 빈도수가 잦으니, 이러다가 완전히 막히면 어찌 하겠는가. 만인이 가는 길을 따라 가야하지 않겠는가.

건망증은 세월이 흐르면서 생기는 세월의 여적(餘蹟)이다. 세월의 여적이 이렇게 무서운 줄을 누가 알았겠는가. 핵으로 무장하고 이를 막으려 해도 막을 길이 없다. 아무리 그래도 치매라고 하는 악종에게는 걸리지 말고, 사는 날까지 열심히 살기를 기원한다. 인간도정(人間道程)이 그런 것을 어찌 하겠는가. 원망해도 소용이 없고, 순순히 화합하여 살길을 모색해야 한다.

한 번 본 것을 잊어버리지 않고(過目不忘), 한 번 들은 것을 귓속에 담아 잊어버리지 않는다면(言猶在耳), 불편하여 어찌 살겠는가. 잊을 것은 빨리 잊어야 한다. 자주 잊어버리는 것을 너무 원망하지 말고, 잊을 때가 되어서 잊는 것이라 생각하며 살 수 있기를 바란다.

서언

내가 또 책을 냈다고 하면 다들 놀랄 것이다. 내 나이가 많은지라 엄두도 못 낼 일을 했다 하여 그럴 것이다. 이제 그만 하라고 옆에서 극구(極口) 만류를 하지만, 좋아하는 일은 목숨이 끊어지는 순간까지 계속된다 하지 않던가.

삼지(三知)라는 말이 있다. 만족할 줄 알고(知足), 분수를 알고(知分), 그칠 때를 알아서 그치는 것(知止)을 말한다. 무슨 일이든 시작할 때가 있고, 그칠 때가 있지만, 지지(知止)의 공덕을 모르고 무한히 하려다가 되레 일을 그르치는 수가 많다. 내 이것으로 인생여정(人生旅程)의 대미(大尾)를 장식하는 기록으로 삼고자 한다.

불광불급(不狂不及)이라는 말이 있다. 미치지 않으면 이르지(及) 못한다는 뜻이다. 인간역사는 미친 사람들이 만들어내는 역사다. 세상의 모든 긴요한 일들은 그 일에 미친 사람들이 만들어내는 것들이다. 그림에 미쳐야 명품대작의 그림이 나오고, 요업(窯業)에 미쳐야 좋은 도자기를 구워낼 수 있다. 높이 비상(飛翔)코자 하면 높이 나는 연습을 해야 하고, 논밭에 오래 엎드려 있어야 좋은 곡식을 만들어 낼 수 있다.(伏久者 飛必高)

세상에 내놓을 제물이라고는 없지만, 이렇게라도 글을 써서 세상에 내놓아 세상의 한 구석이라도 비추고 가는 것 같아 서운함이 덜하다. 한 권의 책을 쓰는 일이 쉬운 일이 아니지만, 책을 완독(完讀)하는 일 또한 그렇게 쉬운 일이 아니다. 어느 책이든 그 책을 독파(讀破)하고 나면, 천하를 얻은 듯한 기쁨을 느끼게 된다. 졸권(拙卷)이기는 하나, 이 책 한 권으로 천하의 대제(大帝)가 될 터인즉, 그런 감동을 느껴보기 바란다. 잠시 세월을 잃은 셈 치고 꼭 한 번 읽어보기 바란다. 빨리 읽으려 하면 곧 싫증이 나니, 조금씩 읽어 완독의 기쁨을 누리기 바란다.

세월이 가면 사람의 머리는 하얗고(歲去人頭白), 가을이 오면 나뭇잎은 붉는다(秋來樹葉紅) 하였다. 바람 따라 구름도 흐르고 세월 따라 사람도 흐른다. 나도 세월 따라 흐르다 보니, 산수(傘壽)의 고비를 훨씬 넘긴 지라, 지금은 백발노구(白髮老軀)가 되어 가쁜 숨길을 몰아쉬며 살고 있다.

아무리 노년이 힘들다 해도 써야 할 힘이 없는 것은 아니다. 늙었다 하여 밥이나 축내고, 빈둥빈둥 세월을 축내면, 무위도식(無爲徒食)한다 하여 세인의 빈축(嚬蹙)이 가혹할 것이다. 힘 닫는 데까지 일을 찾아서 행하고, 노장불패(老壯不敗)의 정신으로 살면, 힘들다는 노년도 덜 힘들게 살 수 있을 것이다.

세상만사는 길이 정해져 있는데도(萬事皆有定), 그 길을 모르는지라 부생은 헛되이 바쁘더라(浮生空自忙) 하였다. 처음부터 내가 가야 할 교육성업의 길에 들어서서 산 지라 헛되이 바쁜 적이 없었고, 되레 열심히 산 지라 조금의 여한(餘恨)도 없다. 그렇게 산 것에 대해 감사와 보람을 느낀다.

그런데 그 길에서 내려온 지가 어언 25년이 더 흘렀다. 그간 갈고 닦은 것을 풀어서 글을 쓰며 살았으니, 참 잘한 일이라 여겨진다. 좀 힘들기는 해도 글을 쓰는 시간보다 더 편안하고 행복한 시간은 없었다. 왜냐하면 세상의 번우(煩憂)한 일들을 다 잊으며 살 수 있었고, 아울러 창조적 소산이 크니 이보다 더한 기쁨이 어디 있겠는가.

내가 다른 길에 들어섰더라면, 더 잘 되었을는지도 모른다는 생각은 한 번도 해본 적이 없고, 이 길에서 만족하며 살았으니, 이 길은 곧 내가 가야 할 길이었다. 일편단심(一片丹心) 변함없이 이 길에서 만족하며 살았다.

노력한 만큼 거두는 믿음이 깨지면 실망하는 수가 더러 있지만, 뿌린 만큼 거둔다는 소망을 갖고 살아야 한다. 거짓은 진실을 이길 수 없고, 거짓의 민낯은 곧 백일하에 드러난다. 진실의 광채는 언젠가는 찬란한 빛을 내며 드러날 것이다. 진실한 마음으로 열심히 구하면, 비록 중심에는 이르지 못한다 해도, 그 중심에서 멀어지지는 않는다.

사람은 누구나 쓸모 있게 이 세상에 태어난다(天生我材必有用) 하였다. 나에게 주어진 쓰임새대로 살다 가는 것에 감사한다. 내가 이렇게 글을 쓰는 것은 내가 잘하니 나를 따라 행하라 하여 쓴 것은 아니다. 우리 모두 열심히 살 수 있기를 바라며 그 소망을 썼을 뿐이다.

글쓰기를 끝내면서 하고 싶은 말이 있다. 만족 지수가 높으면 행복지수는 낮아진다는 말이 있다. 편하기를 구하지 않고 이른 미명(未明)에 공원에 나가 트랙을 돌았다. 힘든 일이지만 한서

(寒暑)의 구별없이 평생을 이렇게 하며 산지라, 건강지수가 높아져서 지금껏 건강하게 살았다. 건강지수가 곧 행복 지수가 아니겠는가.

애독자 여러분! 오늘을 늘 젊게 유지하고, 열심히 하면, 안 되는 일이 없다는 희망을 갖고 살기 바란다.

지금껏 나를 잘 받쳐주어 건강하게 살게 한 안 명자 내자에게 감사하고, 이 책이 나올 수 있도록 뒷바라지를 잘해준 김 창권, 박 은경 부부에게 깊은 감사의 염(念)을 표한다.

핵으로도 공격할 수 없는 코로나와 싸우고 있다. "환란기에 인내하라. 인내로써 싸워 이기라. 너희는 불완전하니 너희가 온전하게 될 때까지 인내하라."(경전)

우리 모두 환란에 처한 이 세상을 향해 축복의 기도를 올리자.

차례

제3부

제4부

제5부

제6부

제7부

제8부

정영배 에세이集

자녀들아!

부모님 양위분이 다 살아계시면,
경사를 갖추어 산다하여 구경(具慶)이라 하고,
아버님만 살아계시면 엄시(嚴侍)라 하며,
어머님만 살아계시면 자시(慈侍)라 한다.
부모님 양위분이 다 안계시면,
영원히 슬픈 감회를 가지고 산다하여 영감(永感)이라고 한다.
"자녀들아!
주 안에서 너희 부모에게 순종하라.
이것이 옳으니라. 네 아버지와 어머니를 공경하라.
이것이 약속있는 첫 계명이니 이로써 네가 잘되고
땅에서 장수하리라."(경전)

노을연가(노을戀歌)

말년에 밥이 없어 자식들에게 손을 내밀면 안 되고, 아픈 데가 없도록 늘 움직이며 살고, 외롭지 않도록 가족들에게 잘해야 한다. 이를 노년삼고(老年三苦)라고 한다. 고독은 무서운 힘으로 밀려와 노년의 목을 죈다. 무슨 일이든 할만한 일이면, 찾아서 해야 한다. 노년이 오는 속도는 빠르고, 가는 속도 또한 언제 가는 줄 모르게 간다.

만족을 천연(天然)의 부(富)라 하였고, 만족할 줄 아는 자가 부자라 하였은 즉, 많은 것을 가지고서도 만족할 줄 모르면 가난한 자와 똑 같고, 아무리 적게 가지고서도 만족하며 살면, 가난하여도 부유한 자가 되어 행복하게 살 것이다. 내가 원하는 바를 다 채우려고 해서는 안된다. 조금 부족하더라도 만족하며 살아야 한다.(志不可滿)

양심보다 더 정확하고 분별력이 좋은 것은 없다. 양심은 선과 악을 분명히 분별하고, 도덕적인 척도를 분명히 세워 다스린다. 양심의 망은 천망(天網)이요, 양심은 하늘의 법정(天庭)이라 할 만큼 준엄한 것이어서, 이 세상에 양심을 속이고 살자는 없다. 손바닥으로 하늘을 가릴 수가 없듯이(以掌蔽天), 그 어떤 것으로도 양심을 속이거나 가릴 수가 없다. 양심에 부끄럼없이 산 자가 있다면, 그 사람은 세상을 바르고 의롭게 산 사람이다.

제1부

화사첨족(畵蛇添足)

화사첨족이란 뱀의 그림을 그릴 때, 발을 넣어 그리는 것을 말한다. 뱀은 원래 발이 없는 동물인데도, 발을 넣어서 그렸다면 그 그림은 잘못 그린 그림이다.

진실은 어떤 일이 있어도 진실이어야 하고, 진실이 거짓으로 호도(糊塗)되어서는 안 된다. 거짓이 과학의 탈을 쓰고 잠시 세상을 현혹할 수는 있어도 영원히 그러지는 못한다. 세상은 곧 거짓을 검증하여, 그 민낯을 드러낼 것이기 때문이다.

여우가 호랑이의 탈을 쓰고 위세를 부리지만, 그것이 오래 가지 못하고 곧 들통이 난다.(狐假虎威)

인간은 사실을 똑바로 바라보며 살아야 한다. 왜냐하면 사실이 인간을 바라보고 있기 때문이다. 사실이 왜곡되어 거짓이 되어서는 안 된다.

세월 따라 흐르며
(세상을 향해 축복의 기도를 올리자)

내 머리는 그야말로 완전 백수(白首)다. 얼마 전까지만 해도 반반이더니만, 이젠 흑발(黑髮)이라고는 한 가닥도 없다. 세월 따라 흐르다 보니 이렇게 되었다. 게다가 이마에도 머리털이라고는 없다. 완전 민둥이다. 대머리족(族) 중에서도 왕 대머리가 되었다. 여름에는 햇볕이 따갑고, 겨울에는 한기가 무섭지만, 이런 것은 물리적인 처방이면 간단하다. 따가운 것이야 모자 같은 것을 쓰면 되고, 차가운 것이야 방한모 같은 것을 눌러쓰면 된다.

세월처럼 그 흐름이 확실한 것도 없다. 그 여적(餘蹟)을 반드시 남기며 흐르기 때문이다. 그냥 흐르기만 하는 데도 그 흔적을 반드시 남긴다. 천하 만민이 무장으로 그 흐름을 막으려 해도 막을 길이 없다.

세월이 가면 사람의 머리는 하얗고 가을이 오면 나뭇잎은 붉어진다. 바람 따라 구름도 흐르고, 세월 따라 사람도 흐른다. 그간 나도 세월 따라 흐르다 보니 완전한 백수노구(白首老軀)가 되었고, 남은 세월이 얼마일지는 모르지만 얼마 남지 않은 것이 분명하다.

중국의 당나라 시인 이백(李白)의 글이 그리워 여기에 읊는다.

흰머리 보게(白髮)
삼천 발이 되나뵈(三千丈)
근심으로 이같이 길어졌는가(緣愁似箇長)
어허, 거울 속 저 사람(不知明鏡裏)
어디서 서리를 얻어 왔는고(何處得秋霜)

백발도 백발이려니와, 앞머리가 민둥해진 것도 하루아침에 이루어진 것도 아니다. 나도 모르게 하나둘씩 빠지기 시작한 것이 지금은 황량(荒涼)한 황원(荒原)이 되었다.

내가 다니는 교회에 중년 여인들이 많다. "자네들 그 나이에도 머리는 아직 흑발이니 무슨 비결이라도 있는가?"라고 했더니 머릿결 속을 들춰 보이며 들여다보라고 했다. 들여다보니 하얗게 진(陳)을 치고 올라온 지 오래되었다. 모두가 그러느냐고 물었더니 그렇다고 했다. 세월의 행적(行蹟)은 예외가 없다. 얼굴은 연지곤지를 발라야 사람같이 보이고, 그렇지 않다간 팔도강산의 지도가 그려진다. 머리에 염색을 해야 하고, 파마도 해야 하고, 마스카라도 해야 하고, 아이라인도 그려야 한다. 화장한다고 거울 앞에 앉으면 한 시간도 좋고 두 시간도 좋다. 뷰티숍에 갈라치면 돈도 돈이려니와 시간도 또한 이만저만 드는 게 아니다. 여자라면 이렇게 살아야 하니 무슨 고역이런가 한다.

나는 사는 방법이 간단명료하다. 비누를 써본 적이 없고, 그냥 물 발라 문질러 세수하고, 화장품이라고는 미안수도 없다. 참

원시적이다. 그래도 날 보고 추하게 보인다고 하는 사람도 없고, 빈색(貧色)에 건강미가 없다고 하는 사람도 없다. 나이가 들었으니 노색(老色)은 어쩔 수 없는 일이지만, 나이에 비해 활기가 넘친다고 극구(極口) 찬양을 한다.

아직 눈도 밝아서 책도 읽고, 글도 쓰고, 귀도 밝아 눈(雪)이 내리는 소리도 들을 수 있다. 말소리는 쩌렁쩌렁하여 하늘에 치닫고, 걸음걸이는 조금도 흔들림 없는 당당한 청년이다. 건강검진을 받았더니 지극히 양호하고 정상이라는 판정을 받았다. 생래적(生來的)으로 타고난 것이 좋아 그런 것도 있지만, 생후(生後)에 섭생(攝生)을 잘한 덕이 크다고 믿는다.

인생유한(人生有限)에 세월은 유장(悠長)하다. 유구(悠久)한 영겁(永劫)으로 보면 천년도 수유(須臾)가 아니던가. 고작 100년 이쪽저쪽을 살다 가면서도 말도 많고 탈도 많다. 인명(人命)은 재천(在天)이요, 모사(謀事)는 재인(在人)이라 하였다. 하늘의 뜻에 따라 살다 가도, 주어진 일에 명운(命運)을 걸어야 한다. 세월무정(歲月無情)을 탓한들 아무 소용이 없다. 요행을 바라거나, 대박을 노리다간 쪽박을 찬다. 부귀영화 바라지 마라, 그것 다 허몽이다. "부귀도 영화도 구름인양 간 곳 없고, 어이타 녹수는 청산에 홀로 우는가." 하지 않았던가.

세월은 누구에게나 왔다 가는 것인 즉, 자기에게 오는 것은 자기 몸으로 가로막고, 옆으로 비켜섰다가는 큰 일이 일어난다. 세월의 목덜미를 휘어잡고 생즉사 사즉생(生卽死 死卽生)의 각오로 싸워야 한다. 싸우되 지면 안 되고 꼭 이겨야 살아남는다. 그것이 곧 세월과 더불어 사는 자의 숙명이요, 세월을 이기며 사는 길이다.

세월은 얻기는 어렵고 잃기는 쉽다고 하였다. 빈둥빈둥 노는 자는 세월을 얻어 사는 자가 아니요, 무위도식(無爲徒食)으로 하는 일 없이 사는 자는 세월을 헛되이 낭비하는 자다. 젊은이도 세월 따라 늙고, 늙은이도 세월 따라 늙는다. 시간이 금이라 하였으니, 땀 흘려 일하는 데서 기쁨과 행복을 찾아야 한다.

세월 속에 살면서 세월의 흐름 따라 살고, 세월과 화친(和親)하여 즐겁게 살아야 한다. 옷을 입되 철 따라 입고, 겨울에는 겨울옷을 입고, 봄에는 봄옷을 입어야 몸에 좋고 아름답다. 꼭 능라주단(綾羅綢緞) 같은 값비싼 옷이 좋은 옷이 아니고, 고루거각(高樓巨閣)이 꼭 좋은 것은 아니다. 옷은 깨끗하고 소박하게 입으면 되고, 마음이 편한 곳이면 초가누옥(草家陋屋)도 천국이다.

평소 건강에 힘쓰고 섭생에 유의하고, 세월에 거슬러 억지 부리며 살다간 몸도 거덜 나고 마음도 거덜 난다. 정도무우(正道無憂)라 하였으니, 정도를 가면 근심이 없고, 정도정행(正道正行)하면 두려움도 없다(無畏) 하였다. 바른 길을 찾아서 살고 불의(不義)에 매이면 세상일이 모두 헛된다.

꽃은 해마다 같은 꽃으로 피지만(年年歲歲花相似) 사람은 해마다 같은 사람이 아니더라(歲歲年年人不同) 하였다. 아무리 세월이 흘러도 꽃은 같은 꽃으로 피지만, 사람은 해가 다르게 변한다. 세월은 한 번 가면 오지 않고, 인생도 한 번 가면 오지 않는다. 햇빛이 쨍쨍할 때 건초를 말리고, 쇠가 달았을 때 두들겨 펴야 한다. 인생은 끊임없이 전진해야 하고, 넘어졌다 일어서고, 일어서면 가야 한다. 어디서나 당당해야 기가 살고, 기가 살아야 운도 따른다. 그림자를 보지 말고 몸을 돌려 태양을 바라보라, 인생이 아름다운 것은 어려움 속에서도 밝은 마음으로 살고, 세상을 향해 축복의 기도를 드리며 살기 때문이다.

노장불패(老壯不敗)

사람을 젊게 하는 것은
그 사람의 생각이지,
그 사람의 나이가 아니다.

제 갈 길을 가는 자에겐,
세상이 길을 비켜주고,
어려운 상황에서는 더 큰 길을 열어준다.

늙었다고 자탄 말고,
일어나 뛰어보라,
다리에 힘을 얻고 심장에 박동을 얻는다.

나에게는 추상같이 엄하게 하고,
남에게는 봄바람처럼 부드럽게 하라.
나를 후대 말고 나를 남 같이 대하라.

바람 따라 구름은 흐르고,
세월 따라 사람도 흐른다.
흐르다 아주 멈추면 그간 잘 살았노라 하라.

가는 겨울을 어찌 막으며,
오는 봄을 어찌 막겠는가,
세월의 흐름 속에 즐겁게 살다 가자.

누워만 있지 말고,
일어나 움직여라.
누워 있으면 죽고 움직이면 산다.

어렵다 하면 더 어려워지고,
힘들다 하면 더 힘들어진다.
푸른 꿈 푸른 희망으로 인생을 사랑하라.

희망을 가지면 어려운 일도 쉬워지고,
절망을 가지면 쉬운 일도 어려워진다.
아무 일이든 찾아서 움직이라.

꽃들은 철 따라 피고,
새들은 철 따라 노래한다.
청춘은 이제부터라 하라, 노쇠를 막고 병도 막는다.

외모는 날로 쭈그러들지만,
그 속에 인생 연륜이 있고,
인생 경륜이 있다.

세월은 보이지도 않는 것,
있다고 하면 있고 없다고 하면 없는 것,
가고 싶으면 먼저 가라 하고 쉬엄쉬엄 뒤따라가라.

보폭(步幅)을 늦추지 말고,
비가 오면 우산을 쓰고, 눈이 내리면 둡바를 둘러쓰라.
소승다보(小乘多步)라 하였다. 많이 걷는 자가 건강을 얻어 산다.

가까운 길은 걸어서 가고,
먼 길도 걸어서 가라.
당당하게 걸으면 만 리 길도 가까운 길이 된다.

개미 소리로 이야기하지 말고,
큰 소리로 포효(咆哮)하고,
박장대소(拍掌大笑)로 주변을 압도하라.

정도(正道)를 걸으면 근심이 없고,
정도정행(正道正行)을 하면,
두려움을 이긴다.

재물을 탐하지 말고,
형제의 재물은 더욱 탐하지 말라.
다 양보하고 베풀며 살아라, 큰 덕이 되어 돌아온다.

무릇 지킬만한 것 중에 마음을 지켜라,
생명의 근원이 이에서 난다 하였다.
마음을 잃으면 세상 모든 것을 잃는다.

벗을 사귀되 믿음을 가지고 사귀어라.
믿음이 깨지면 우정도 깨진다.
서로 노력하여 금란지교(金蘭之交)를 하라.

아내의 말에 귀를 기울이라.
아내에게 잘하면 말년이 편하고,
가화만사성에 건강만사성이다.

죽음의 그늘에 살지 말고,
오늘을 젊게 유지하라.
청춘에 기준이 없다, 오늘이 청춘이다.

지금 내 곁에 그대가 있으니 좋고,
이만하면 됐지 뭘 더 바라나 하라.
오순도순 즐겁게 살다 가자. 노장불패 만만세!

남필종부(男必從婦)

세월유장(歲月悠長)에 만물은 유전(流轉)한다. 이전에 있었던 것이 없어지고, 없었던 것이 생겨 새로운 것이 된다. 사람도 영원히 사는 것이 아니고(人生有限), 살다가 때가 되면 가고, 후세들이 밀고 올라와 그 자리를 메운다.

남필종부라는 말은 "남자가 여자를 따른다."라는 말로 사전에도 없는 말이다. 내가 이 글을 쓰기 위해서 만든 말이다. 지금까지는 여자는 남자가 시키는 대로 행한다고 하여 여필종부(女必從夫)라는 말을 써왔다. 그러나 지금은 세상이 변하여 그렇게 하며 사는 여자들이 없다. 가부장적(家父長的) 시대에는 남자가 자기 가정을 지배하며 산지라, 여자는 그에 순응하며 살았지만, 지금은 여권신장(女權伸張)의 시대가 된 지라 여자들이 좀 억세어졌다.

남편이 노래를 부르면 여자가 따라 부른다 하여 부창부수(夫唱婦隨)라 하였고, 남자는 존경을 받고 여자는 천대를 받는다 하여 남존여비(男尊女卑)라는 말까지 나왔다.

암탉이 새벽에 울면 집안의 운세가 막힌다 하여(牝鷄司晨 惟家之索) 아내의 기를 눌러 꺾었고, 오직 남자만이 제왕적(帝王的)

인 권세로 가정을 다스리며 살았다. 그래서 아내는 남편을 상전처럼 섬기며 살았고, 그가 하는 일에 굴종(屈從)으로 충성을 다하며 살았다.

현모양처(賢母良妻)라는 말은 자식들을 알뜰하게 잘 기르고, 남편공대를 잘하여 가화(家和)를 으뜸으로 삼는 아내를 말한다. 자식들과 남편에게 다 잘해야 현모양처가 되지만, 어느 한쪽에만 잘하면 현모양처라 하지 않는다. 현모양처가 되기 어려움도 그래서 하는 말이다.

옛말에 요조숙녀(窈窕淑女)라는 말이 있다. 요조숙녀가 되려면 첫째 마음씨와 행실이 고와야 하고, 둘째 자태가 고와야 하고, 셋째 가족을 위해 헌신 봉사할 수 있어야 한다. 어느 하나만 결(缺)하여도 요조숙녀의 반열에 들지 못한다.

남녀칠세부동석(男女七歲不同席)이라는 말이 있다. 남녀가 7세가 되면 서로 자리를 같이 못 한다는 뜻이다. 나이가 7세가 되면 상대를 이성(異性)으로 본다 하여 철저하게 그 관계를 차단했다. 그 나이가 되면 서로에게 무관심하지 않고, 이상하다 할 만큼 야릇한 감정이 흐른다 하여 그렇게 한 것이다. 그들을 그대로 놔두었다간 무슨 큰일이라도 일어날 것처럼 생각했다.

태초에 남자와 여자로 구분하여 만든 것은, 종래에는 그들이 짝을 지어 살게 함이었다. 그렇지 않고서야 그렇게 만들 이유가 없다. 태초에 아담과 이브를 만든 것은, 그들이 짝지어 살게 함이었다. 서로를 이성으로 알아차리게 되자 부부로 결합하여 살게 했다. 그들의 후손으로 억조창생(億兆蒼生)이 탄생하여 오늘날의 지상 생활이 이루어지게 된 것이다.

남녀유별(男女有別)이란 남녀가 별개의 독립적인 개체로 태어남을 말하지만, 그냥 개체 그대로 떨어져 살지 않고, 종래에는 부부로 결합하여 한 가정을 이루어 산다. 인간 역사는 가정의 역사이고, 가정에서 시작하여 가정 안에서 살다가 간다. 그러고 보면 가정만큼 소중한 것이 없고, 부부만큼 중요한 것도 없다. 예부터 수없이 많은 사람이 가정의 소중함을 시로 읊어 노래했다. 그중 하나를 여기에 올려 읊고자 한다.

남으로 삼긴 것이(생긴 것이) 부부같이 중할런가
사람의 백복(百福)이 가잣거든(갖추어져 있거든)
이리 중한 사이에 아니 화(和)코 어찌하리

(李仁老)

양처(良妻)와 같이 살면 장수한다 하였으니, 좋은 아내를 만나 백년해로(百年偕老)를 누리고 사는 것보다 더 큰 기쁨은 없다. 세상이 변하는데 부부간인들 변하지 않을 수가 없다. 아내는 나를 위해서 들어온 사람이니 함부로 부려먹어도 된다고 생각했다간 큰 사단(事斷)이 벌어진다. 부부는 독립된 인격체이니 서로 존중하며 살아야 한다. 지금은 부창부수 시절의 고분고분한 아내가 아니다. 여필종부(女必從夫) 시절의 수직적이고 종속적인 주종(主從)의 관계가 아니다. 요즈음 아내를 만만하게 봤다간 밥도 제대로 얻어먹지 못한다. 나와 동등한 인격체가 아니라 남편 위에 군림(君臨)하는 여제(女帝)가 되어 행세한다. 여필종부가 아니라 남필종부의 시대가 도래(到來)해서 우리를 압박한다.

천하의 남편들이여! 힘이 세다 하여 힘자랑하지 말고, 잘못 거들먹거렸다간 본전도 못 찾는 신세가 된다. 고분고분 다소곳이 아내 사랑에 힘쓰고, 하고자 하는 일 잘 도와주어 상생(相生)의 도(道)를 찾음이 어떨까 한다. 금실상화(琴瑟相和)의 도를 찾아 의롭게 살면 백세(百歲)의 천수(天壽)도 누릴 수 있을 것이다. 남필종부를 창피스럽다 여기지 말고 이 길만이 나의 생존전략이라 생각하면 노년인생도 무탈여정(無頉旅程)이 되리라 믿는다.

손자병법(孫子兵法)에 지피지기(知彼知己)를 먼저 하면 백전백승(百戰百勝)을 한다 하였다. 창피하다고 생각하면 그 순간부터 도가 막히고, 하루 살기가 백 년을 사는 것만큼이나 힘들어질 것이다. 남필종부 만세 만만세!

다그친다 해서 되는 것이 아니다

우리 모임에 심 교수란 분이 계신다. 어느 날이었다. 그분이 들고 다니는 작은 손가방을 열어봤더니 책이 한 권 들어 있었다. 무슨 책이냐고 물었더니 한 달에 한 권씩 사서 읽는 책이라고 했다.

사람이 고희(古稀)를 넘기게 되면, 세월에 몸을 맡긴 채 그냥 세월 따라 흐르기가 십상이다. 잘못하다가는 밥이나 축내며 사는 식충이 노릇 하기가 쉽고, 세상에서는 아무 쓸모없는 무용한 사람이 되기가 쉽다.

한 달에 한 권을 읽으면, 1년이면 12권을 읽고, 10년이면 120권을 읽는다. 앞으로 20년 이상 살 샘을 치면 240권을 읽으니, 말년의 소득치고는 깐깐하기 이를 데 없다.

매달 읽는 한 권의 책에서 인생의 여유와 자족을 느끼고, 남을 받아들이는 수용의 폭을 넓히며 살면, 인생 말년이 옹색(壅塞)하지 않고, 훤하게 트인 화려한 대로(大路)가 될 것이라 믿어진다.

이제 익힐 만큼 익혔으니 더 이상의 것은 필요 없다는 자만(自慢)은 인생 말년을 어둡게 한다. 다른 사람이 써놓은 글에서 세상 사는 법도를 익히고, 필요할 때 그칠 줄 아는(知止) 여유와 품격을 지키며 살면, 이보다 더 아름다운 인생도 없을 것이다. 나이가 많으면 분수를 잃기가 쉽고, 좋은 말이라 하여 한없이 하려 하면 지지(知止)의 공덕이 얼마나 큰지를 모르는 사람이 된다.

인생 말년에도 공부의 끈을 놓지 않고(手不釋卷), 죽는 날까지 늘 부족함을 느끼고, 비어있는 곳을 채우며 살면, 이보다 더 아름다운 인생 말년도 없을 것이다.

수시로 학문을 익히며 사니 기쁘기 그지없다(學而時習 不亦悅乎) 하였다. 더구나 나는 배우는 자들을 가르치며 살았으니, 맹자(孟子)삼락(三樂)에 "천하의 영재들을 불러모아 가르쳤으니 이 어찌 기쁘지 않겠느냐"의 기쁨까지 누린 사람이다. 여생만 잘하며 살면, 이 세상에 와서 살다가는 보람이 크다 할 것이다.

지식이란 가두어 놓으면 불용(不用)의 퇴적물이 되지만, 세상에 내놓아 만인이 공유케 하면, 어지러운 세인의 마음을 바로잡는 등불이 될 것이다.

어느 날 심 교수에게 부탁하여 그간 읽은 책의 한 구절을 내놓으라고 했더니, 서슴지 않고 응해주었다. 내 이를 여기에 내놓아 적으니 세상을 사는 지혜로 삼기 바란다.

"세상을 살아가는 동안에 언제나 성공만을 따르기를 바라지 마라(處世不必邀功). 일을 그르치지 않으면 그것이 곧 성공인 것이다(無過便是功). 남에게 줄 때 상대방이 그 은덕에 감동하기를 바라지 마라(與人不求感德). 상대방이 원망하지 않으면 바로 그것이 은덕인 것이다(無怨便是德)."

채근담(菜根譚)에 나오는 글귀다. 심 교수는 위의 글귀를 좌우명처럼 여기며 사는지라, 모든 일이 글귀 그대로 잘 되어 사신다.

자식들이 잘되어 세상을 빛내며 살고, 가화(家和)를 통해 만사를 이루며 사는 그야말로 가화만사성(家和萬事成)의 표본이 된다. 대인관계도 늘 따뜻하고 원만하며 만인의 귀감(龜鑑)이 되신다. 성공만을 바라면 성공하지 못하고, 감동만을 바라면 감동을 주지 못하고 되레 일을 그르친다. 순리를 따라 사는 것이 세상을 이기는 것이 되고, 다그친다 해서 되는 것이 아니다. 힘을 서서히 풀어서 힘대로 살게 함이 되레 잘하는 것이 될 것이다.

삼지(三知)라는 것이 있다. 지분(知分), 지족(知足), 지지(知止)를 말한다. 분수를 알고, 만족할 줄 알고, 그쳐야 할 때 그칠 줄 아는 것을 말한다. 아무리 좋은 글도 너무 길면 지루하게 느껴질 터인즉 여기서 끝내고 다음 글을 기대하는 것이 좋을 듯하다.

재수 없는 사람이 100세를 넘겨서 산다

100세를 넘겨 사는 사람이 더러 있다. 앞으로 이런 추세는 더욱 계속될 것이다. 사람의 생명에 대한 애착은 무한하다. 200년, 300년을 살라 해도 싫어할 사람은 없을 것이다. 세월은 유장(悠長)하지만, 인간은 원래 유한하게 태어났다. 아무리 생각해봐도 이 유한성을 극복할 자는 없다. 이것이 곧 인간의 숙명이요, 유한성인데도 영원히 살고자 하는 데에 인간의 슬픔이 있다.

100세 시대의 이야기가 처음에는 생소하게 들렸지만, 요즘은 아무렇지도 않은 소리로 들린다. 100세 정도는 다 살 것 같은 꿈과 희망을 가지고 산다. 옛날에는 70세를 정명(定命)으로 알고 살았지만(七十古來稀), 지금은 100세가 정명이 되었다. 이런 변화의 추이(推移)는 오는 줄 모르게 오더니, 어느새 점령군처럼 우리의 생각을 점령하고 말았다. 100세는 우리의 수명을 지배하는 지배개념이 되었다. 100세를 사는 것은 당위(當爲)처럼 여기게 된 지라, 어떤 사람 앞에서 80세 정도를 이야기했다간 큰 일이 일어날 것이다.

내가 산수(傘壽)의 고비를 넘긴 지 오랜지라 거의 완전히 옛날 사람에 속한다. 나의 인생의 끝부분을 조금이나마 100세 가까이를 살다 가니 영광처럼 느껴진다. 진즉 죽었어야 할 사람이 이렇게 좋은 세상을 조금이나마 살고 가니 감사할 일이다.

옛날에는 맥령기(麥嶺期)를 넘기기가 힘들었지만, 지금은 먹을 것이 지천에 널려있어 배곯아 죽는 사람은 없다. 어찌나 잘 먹고 살던지, 미각을 억제하지 못하다간 돈족(豚族)처럼 되뚱거리며 걸어야 하는 불행을 겪는다. 적당히 먹고 적당히 움직이라는 경고성이 귀가 따갑게 들리지만, 잠시 무심한 사이에 몸무게는 천정부지(天井不知) 올라간다. 누워있기를 즐기다간 일어나지 못하고 그 자리에서 죽는다.

생명만큼 소중한 것은 없다. "사람이 만일 천하를 얻고도 제 목숨을 잃으면 무엇이 유익한가!"라는 경전의 말씀이 있다. 생명중시의 사상을 잘 일깨워주는 말이다. 생명을 잃으면 세상 모든 것을 잃는다. 미래에 대한 꿈과 소망도 아무 소용이 없고, 사랑하는 가족 친지와도 영별(永別)을 해야 한다.

생명에 대한 애착은 누구에게나 크다. 영원히 살고 싶지만, 우리의 몸은 나면서부터 그렇게 만들어지지 않았다. 일정 기간 쓰고 나면 기계가 마모되듯 더 이상 쓸 수가 없다.

두 가지가 우리의 생명을 길게 한다고 한다. 조용한 마음과 사랑하는 아내라고 한다. (Two things do prolong the life, a quiet heart and a loving wife.) 할 수만 있으면 마음을 정밀(靜謐)하게 먹고, 사랑하는 아내가 옆에 있으면 해로동락(偕老同樂)하며 즐겁게 산다. "당신의 몸 간호는 내가 하여 줄 터이니 요양원에는 갈 생각도 하지 마시오." 우선 듣기만 해도 마음이 따뜻하여진다.

옛말에 수즉다욕(壽則多辱)이라는 말이 있다. 오래 살면 욕된 일을 많이 겪게 된다는 뜻이다. 장병(長病)에 효자 없다 하였듯이 너무 오래 살면 자식들이 싫어한다. 자식들이 싫어하면 참 살기 힘들어진다. 적당할 때 가면 되지만, 그러지 못하는 것이 인간의 숙명이요 비애다.

'탈무드'라는 이스라엘의 생활경전이 있다. 노인이 없으면 이웃집에서 빌려다가도 모시면 복이 된다 하였다. 그러나 노인들이 밀리고 있다. 비에 젖은 낙엽처럼 밀리지 않으려는 세력과 밀어내려는 세력 사이에 치열한 싸움이 벌어진다. 인간 비애의 막장이다. 오래 살려고 짙은 보약으로 몸보신 너무하지 말고, 살 만치 살았으면 슬그머니 잠이 들 듯 사라지는 행복을 누려야 한다.

눈은 멀고, 귀도 먹고, 말도 막히고, 의식도 불명하여 가족도 알아보지 못하고, 동서남북으로 헤매다가 어디로 간지도 모르게 되면, 이보다 더 비참할 일이 없다. 이빨은 빠져 밥을 씹는지 모래알을 씹는지도 모르면, 이게 무슨 삶이며 인생인가. 100세를 넘겨 사는 자는 가장 재수가 없는 자다.

15세를 지학(志學), 20세를 약관(弱冠), 30세를 이립(而立), 40세를 불혹(不惑), 50세를 지천명(知天命), 60세를 이순(耳順), 70세를 고희(古稀), 80세를 산수(傘壽), 91세를 망백(望百), 100세를 천수(天壽)라 한다. 요즘에는 80세를 하수(下壽)라 하고 100세를 중수(中壽), 120세를 상수(上壽)라는 말까지 나왔다.

건강하고 씩씩하게 산다면 얼마를 살아도 좋겠지만, 인간은 그렇게 만세수(萬歲壽)를 누리도록 태어나지 못 했다. 행복한 사람은 가장 알맞은 때에 죽는다 하였다. 너무 오래 산다고 느껴지는 순간부터 불행의 싹은 트이기 시작한다. 100세 정도 살았으면 여한이 없고, 100세 정도 살다 가는 것에 감사해야 한다.

죽음의 고통은 단말마적(斷末魔的)이어서, 그 순간이 오래 계속되면 고종명(考終命)의 축복은 어림도 없다. 고종명이란 살만치 살고 편안히 죽는 것을 말한다. 죽음의 순간을 맞기가 두렵지만, 그 순간을 극복하지 못하고 만인이 가는 길에 들어서서 고통 속에 허덕이다 간다.

인생은 일생일사(一生一死)지, 일생영생(一生永生)은 아니다. 100세를 넘겨 산 분이 이 글을 읽는다면 무척 서운해할는지 모르지만, 100세 이후에도 세상 모든 일을 힘차게 할 수 있다면, 그런 축복은 얼마든지 누려도 좋을 것이다. 서운하게 생각하지 말고, 고종명의 축복까지 누리기를 기원하며 이만 줄인다.

명부(冥府)로 가는 길

이 세상에서 가장 행복한 사람은 평생을 공부하며 사는 사람이다. 그래서 옛 선인(先人)들은 공부하는 사람을 아주 좋아한지라, 축문을 쓰거나 지방(紙榜)을 쓸 때 학생(學生)이라는 말을 넣어서 썼다.

지방이나 축문을 쓸 때 현고(顯考)라는 말은 돌아가신 선친(先親, 아버지)을 말하고, 돌아가신 할아버지를 말할 때는 현조고(懸祖考)라 쓰고, 증조할아버지를 말할 때는 현증조고(顯曾祖考), 고조할아버지를 말할 때는 현고조고(顯高祖考)라고 쓴다.

현고 학생(顯考學生)이라는 말은 돌아가신 선친께서는 평생을 공부하며 사신 학생이라는 뜻이다. 지방을 쓸 때 관직이 있었으면 관직명(총리, 장관, 국회의원, 시장, 군수 등)을 쓰되, 그렇지 않으면 학생이라는 말을 써서 평생을 공부하며 사신 것을 자랑스럽게 여겼다.

저의 선친께서는 농부이셔서 학문을 익히면서 사신 학생은 아니었지만, 평생을 농사일을 배우면서 사셨고, 늘 자연을 벗하여 사시면서 자연의 섭리와 천지운행(天地運行)의 이치를 익히면서 사셨다. 그리고 보면 이 세상 모든 사람은 평생을 배우면서 살지 않는 사람은 없을 것이다. 가정의 일원으로 가정운위(家庭運爲)를 배우고, 사회의 일원으로 서로 협동하며 사는 것을 배운다. 그러고 보면 이 세상에 학생이 아닌 사람은 아무도 없다.

내가 죽으면 "학생이라는 말 대신에 교수"라고도 쓸 수 있을 것이다. 왜냐하면 나의 평생직업은 교수생활이었으니까 그렇게 쓸 수도 있을 것이다. 교무처장, 학생처장도 했고, 한국문인협회에 가입하며 글도 썼으니까 또 그렇게 쓸 수도 있을 것이다.

세상에 내놓을만한 학문을 하지 못해 부끄럽기 그지없지만, 평생 열심히는 하고 살았으니, 그것으로 자위를 삼고자 한다. 한국문인협회에 가입한 것은 내 글을 좋아하는 한 지인이 억지로 신청케 하여 그렇게 되었지만, 그에 관한 심사과정을 거쳐 그렇게 되었으니 부끄러울 일은 아니다. 그러나 그런 반열에 오르기는 했어도 늘 부끄러운 생각을 하며 살았다. 10여권 이상의 책을 냈지만 글 같지가 않아 늘 부끄럽고, 낼 때마다 두려운 마음이 일어 때로는 잠을 설칠 때도 있었다.

내 지방을 어떻게 써줬으면 하는 소망도 없고, 설령 내 뜻이 있다 해도, 내가 마땅하지 않게 살았으면, 자식놈들이 알아서 할 터이니, 지금 말한다 해서 무슨 소용이 있겠는가. 허언(虛言)을 말한 것 같아 부질없다는 느낌만 들 뿐이다. 지방 같은 것은 예부터 해오던 것이라 버리지 못하고 지금도 하고 있지만, 앞으로 세상이 어떻게 변할지는 아무도 모른다.

세상이 어찌나 야박하던지, 부모의 제사 같은 것은 염두에도 없다. 옛날에는 부모가 돌아가시면 3년제(祭), 49일재, 삼우제, 지금은 당일 탈복으로 부모와의 모든 인연을 끝낸다. 세상이 변하는 추이(推移)는 가위(可謂) 상상을 초월할 만큼 빠르고 가공할 정도다.

죽은 뒤에는 만사가 나와는 상관없는 것이 되니, 묘 앞에 금비석을 세워 장식한들 무슨 소용이 있겠는가. 잘못 허욕을 부렸다간 두고두고 세인의 입방아에 오를 터인즉, 그보다 더 부끄럽고, 후대를 괴롭히는 일도 없을 것이다. 그저 분수를 지키고 소박하게 살면, 부질없는 허욕이나 허식에는 뜻도 두지 않을 것이다.

어느 한 교수는 자기가 죽으면 화장해서, 평소 자기가 다니는 길가에 뿌려달라고 유언을 했지만, 자식들이 그럴 수가 없다 하여 선영(先塋)으로 들어가지 않고, 공동묘지의 양지바른 곳을 골라 모셔드렸다고 한다. 아무리 부친의 유지(遺志)가 크다 해도, 한 인간으로서 세상에 나와 살다 갔다는 흔적이라도 남겨야 하지 않겠느냐며, 자식들이 그렇게 했다고 한다. 참 잘했다 믿어진다.

불원한 세월에 나도 부딪히는 일이어서 무심할 수가 없어서 몇 마디 했다. 내 그간 별 탈 없이 잘 살았고, 온 가족의 평안을 간구하며 살았으므로 그것으로 만족하고, 명부(冥府)로 가는 길이 어떻게 되든 무슨 상관이 있겠는가. 자식들의 눈에 투영된 그대로 알아서 해주지 않겠는가.

*　　　*

사람은 누구나 아무 탈없이 살기를 원하지만, 꼭 그렇게 되는 것은 아니다. 우여곡절의 대장정(大長程)이 곧 인생의 길이다.

겉으로는 아무런 재앙도 없이 사는 것 같아도 전쟁을 방불케 하는 어려운 삶을 살다가 간다. 수시로 변하는 감정의 곡선을 따라 회전목마처럼 돌고 돌다가 힘이 부치면 간다. 그 길이 곧 명부로 가는 길이다.

아무리 어렵고 힘든 삶을 살았다 해도, 심성(心誠)을 다해 열심히 살았으면, 그것이 곧 행복한 삶이다. 인생은 일생일사(一生一死)요, 생자필멸(生者必滅)이지만 사는 동안은 열심히 살아야 한다.

명부란 사람이 죽어서 가는 저승이라는 곳이다. 저승길이 대문 밖이라는 말이 있듯이, 죽는 일이 먼듯하나 가깝다는 뜻이다. 저승사자는 도처에 도사리고 있는지라, 우리가 언제 그놈에게 끌려갈지는 아무도 모른다.

이 세상에 올 때는 차례대로 왔지만 갈 때는 차례가 없다. 다모클레스(Damocles)의 칼날은 언제 내려칠지 모른다. 늘 경계심을 가지고 비실거리지 말고 열심히 살 것을 당부하면서 이만 줄인다.

제2부

엄이도령(掩耳盜鈴)

엄이도령 또는 엄이도종(鐘)이라고도 한다. 엄이도령이란 자기의 귀를 막고 방울을 훔치는 것을 말한다. 자기의 귀를 막고 방울을 훔치면, 방울 소리가 아무리 크게 나도 들리지 않는다. 그러나 다른 사람들에게는 들리는지라 곧 들통이 난다. 얄팍한 꾀를 써서 남을 속이려 해도 아무 소용이 없으니, 사실상 무위(無爲)한 짓을 하지 말라 함이다.

바늘 도둑이 소도둑이 된다 하였다. 도둑의 씨가 따로 있는 것이 아니고, 버릇 들기에 따라 바늘 도둑도 되고 소도둑도 된다. 남의 것을 훔쳐서 부자가 되는 사람은 없다. 주어진 대로 열심히 행하며 살아야 한다. 적은 것에 만족하며 살고 열심히 사는 데서 기쁨을 느껴야 한다. 작은 도둑은 사형되고 큰 도둑은 도망간다(A little thieves are hanged, but great ones escape.)는 말이 있지만, 요즘에는 사람 잡는 기술이 발달해서 큰 도둑의 체포가 미제(未濟)로 남아 있는 일은 거의 없다.

자기의 귀를 막고 방울을 훔치는 것 같은 얄팍한 수를 써서 남을 속이려 해서는 안 된다. 그 꾀가 아무리 기발하다 해도 영원히 감추어지는 일은 없기 때문이다.

노을도 붉게 타면 아름답다

옛날 사람들은 70세를 사는 사람이 드물었지만(七十右來稀), 요즘은 100세를 거뜬히 넘겨서 산다. 그러다 보니 80세를 하수(下壽), 100세를 중수(中壽), 120세를 상수(上壽)라 하기에 이르렀다. 이런 세상의 변화의 추이에 놀라지 않을 수 없다.

나는 80의 준령을 넘긴 지 오래되었지만, 나이테만 늘리며 산 것 같아 부끄럽기 그지없다. 80세를 산수(傘壽)라 함은 우산을 써야 할 나이가 되었다 함이요, 우산을 쓰지 않으면 눈, 비, 바람 같은 자연재해를 막아낼 수가 없기 때문이다. 아무리 생각해봐도 나는 옛날 사람에 속한다. 편리하고 살기 좋은 현대는 얼마 살지 못하고, 불편하기 그지없는 옛날을 훨씬 많이 살았기 때문이다. 병원엘 자주 드나드는 병원 친화 가족이 되었고, 한 군데를 때우고 나면 다른 군데가 기다렸다는 듯이 나타나니 어찌하겠는가.

저녁노을은 참 부드럽고 아름답다. 조금 있으면, 밤이 기어들 듯 찾아오고, 별들이 하나둘씩 튀어나와 밤하늘을 수놓을 것이다. 삼태성(三太星)이 서녘으로 기울고, 유성(流星)들이 긴 꼬리를 달고 어디론가 사라질 것이다.

저녁노을이 되면 논밭에서 일하던 사람들은 집으로 돌아와 땀을 식히고, 아낙네들은 밭에서 뜯어온 푸성귀로 저녁상을 차린다. 새들도 둥지에 찾아들어 휴식에 들고, 짐승들도 집으로 찾아들어 하루 내 먹었던 음식을 삭힌다. 길에 지친 나그네들도 걸음을 재촉하여 쉴 곳을 찾는다.

황혼녘보다 더 좋은 시간은 없다. 아무리 바쁜 일손도 놓고 돌아오는 시간이요, 떨어져 있었던 가족들과 재회의 기쁨을 나누는 시간이다. 귀소본능(歸巢本能)은 생명본능이다. 귀소하여 휴식을 취하고 다음 날 또 일터로 나가 일을 하며 살기 때문이다.

인생 여정은 애증(愛憎)이 얽히고, 희로애락이 얽히는 시간이다. 그간 어떻게 살다 보니 세월이 흐르는 줄도 모르고 늙는 줄도 몰랐다. 그 긴 세월이 일순으로 흐르고, 조금 남은 인생의 끝자락에 와 있다. 일각(一刻)을 삼추(三秋)처럼 아끼며 살아야 할 시간이다. 뜨겁게 달구었던 청춘은 간 곳이 없고, 저물어가는 노을에 뒤척이며 살고 있다. 지난 세월을 송두리째 주며 살라고 해도 돌아갈 길이 없고, 갈 길이 있다고 해도 옛날 그대로의 재연(再演)은 안 된다. 너무 많이 어질러 놓아 마음에 드는 것이라고는 없기 때문이다.

몸은 좀 학대해야 한다고 한다. 늘 편하기를 구하면 영원히 편해지고자 한다. 일어서기 힘들 때 일어서야 하고, 걷기 힘들 때 밖으로 나와 걸어야 한다. 우리 생활의 일체는 마음먹기에 달려있다.(一切唯心造)

마음이 없으면 보아도 보지 못하고(視而不見), 들어도 듣지

못하고(聽而不聞), 밥을 먹어도 그 맛을 모른다고 하였다.(食而不知其味也)

몸은 마음먹기에 따라 단련되고 길들여진다(馴致). 그렇게 계속하며 살면, 살기 힘들다는 노년도 훨씬 수월한 인생모년(人生暮年)이 될 것이다.

노년을 세한(歲寒)이라고 한다. 추운 겨울이라는 뜻이지만, 춥다 하여 움츠리면 더욱더 추워지고, 힘들다 하여서 아무 일도 하지 않으면 더욱 힘들어진다. 늙었다 하여 밥이나 축내고 빈둥빈둥 세월을 보내면, 무위도식(無爲徒食) 한다 하여 세인의 빈축이 가혹할 것이다.

노년은 죽음의 그늘 밑에서 살고 다모클레스(Damocles)의 칼날은 언제 내려칠지 모른다. 다모클레스는 그리스의 전설에 나오는 이야기다. 왕이 아첨이 심한 신하에게 머리카락 하나로 그 무거운 칼을 매달아 머리 위에 떨어지도록 한 것을 말한다. 밤새 연고의 변은 언제 내려칠지 모른다. 살 만치 살았으면 갈 준비를 해야지 한없이 살 생각을 해서는 안 된다. 인생은 일생일사(一生一死)가 아니던가. 조금 일찍 가고 조금 늦게 가는 것이지 영원히 살자는 이 세상에 없다.

말년에 밥이 없어 자식들에게 손을 내밀면 안 되고, 아픈 데가 없도록 늘 움직이며 살고, 외롭지 않도록 가족들에게 잘해야 한다. 이를 노년삼고(老年三苦)라고 한다. 고독은 무서운 힘으로 밀려와 노년의 목을 쥔다. 무슨 일이든 할 만한 일이면 찾아서 해야 한다. 노년이 오는 속도는 빠르고, 가는 속도 또한 언제 가는 줄 모르게 간다.

인간은 초로(草露)처럼 잠시 와서 살다가 간다. 천년사직(千年社稷)도 남가일몽(南柯一夢)이 아니던가, 청춘은 아름답고 노년은 마음이 곱다 하였다. 그간 쌓은 사랑과 지혜로 이웃과 더불어 살면, 만인의 사랑과 존경을 받으며 살 것이다.

젊은이는 격정(激情) 속에서 살다가 일을 그르치지만, 노년은 여유와 자적(自適) 속에서 못다 한 일을 완성한다. 로마의 위대한 작가 카토는 여든이 넘어 희랍어를 배우기 시작했고, 그리스의 3대 비극 시인 소포클레스는 '오이디푸스'라는 걸작을 썼고, 그리스의 서정시인 '시모니데스'는 많은 경쟁자를 물리치고 시상(詩賞)을 차지했다. 모두가 여든이 넘어서 한 일이었다. 우리 같은 범인들은 감히 범접기 어려운 일들이지만, 귀감삼아 살면, 우리 모두의 생활도 아름답고 빛나는 생활이 될 것이다. 노을에 피는 꽃은 그 빛이 더욱 찬란하고 그 향기 또한 은은하여 만 리에 이른다.

정도무우(正道無憂)라 하였다. 바르게 살면 근심이 없고 정도정행(正道正行)을 하면 두려움이 없다 하였다(無畏). 가정은 늘 따뜻해야 하고, 화합을 통해 가화만사성의 대도를 확립해야 한다. 가정의 어두운 그늘을 걷어내고, 찬란한 햇빛이 넘쳐 들어오게 해야 한다.

황혼녘은 영원히 타는 시간이 아니다. 잠시 타다가 잿불처럼 사라지는 시간이다. 풀린 줄을 다시 매서 팽팽하게 조여야 한다(解弦更張). 노장불패의 정신으로 마음 단단히 먹고 당당하게 살면 노을도 붉게 타는 아름다운 노을이 될 것이다.

병을 두려워 말라

세월처럼 무정한 것이 없다. 잠시만 머물다 가라고 통사정을 해도 소용이 없다. 세월은 우리가 잠든 사이에도 흐르고, 정신없이 일에 몰두하고 있는 사이에도 흐른다.

세월은 그냥 흐르는 것이 아니고 반드시 흔적을 남기며 흐른다. 몸의 도처에는 노쇠의 흔적이 역연하다. 나이는 훈장이 아니고 덫이다. 인생의 덫이요, 세월의 덫이다. 세월이 쳐놓은 이 덫에 걸리지 않는 사람은 없다. 젊은이들은 아직 이 덫이 눈에 보이지도 않을 터이지만, 늙은이들은 이미 이 덫에 걸려 이 덫 속에서 허우적거리며 산다.

내 나이 벌써 산수(傘壽)의 고비를 넘긴지 오래다. 돌아다보니 그간의 긴 세월이 일순(一瞬)으로 흘러가 버린 것 같다. 그래서 인생을 부생약몽(浮生若夢)이라 하는 것일까. 노쇠의 덫에 걸려 허덕이면서도 이렇게 씩씩하게 살고 있으니, 참 다행대복(多幸大福)이 아닐 수 없다. 내 나이 또래에 벌써 산에 가서 누워 있는 놈들이 많지만, 나는 이렇게 살아남아 세상을 힘차게 호흡하며 살고 있으니 감사할 일이다.

나이는 숫자에 불과하다고 한다. 마음으로라도 위로하며 살게 하고자 함일 것이다. 나이가 들면 늙는 것이고, 늙으면 그 증상이 몸의 도처에 나타나 시달린다.

잠시 짬을 내어 노쇠의 증상이 어떤 것들이 있는지 알아보았다. 첫째는 외롭고 쓸쓸하여 잘못하다간 우울증에 걸린다. 둘째는 잔소리가 많고, 셋째는 엄살이 많으며, 넷째는 새벽잠이 없어 꼭두새벽에 일어나고, 다섯째는 분별력이 약하여 일을 그르치고, 여섯째는 잘못을 저지르고도 부끄러운 줄을 모르며, 일곱째는 의욕이 떨어져 일에 자신감이 없다. 여덟째는 건망증이 심해 자주 잊어버리고, 아홉째는 몸이 노쇠하니 힘이 없고 병에 걸려 시달린다. 이 노쇠의 증상 중에서 가장 무서운 증상이 병에 걸려 시달리는 일이다. 아직 큰 병은 없다 하더라도 해가 다르게 기운이 빠져 살기가 힘들다. 그러다가 몹쓸 병이라도 걸리면 시달리다가 간다. 용케도 그런 병에 걸리지 않으면 천은(天恩)을 입은 것이니 감사하며 살아야 한다.

병을 두려워하지 말라고 한다. 이 세상에 병을 두려워하지 않는 사람은 없다. 한 번 병에 걸리면 황금의 병상(病床)도 아무 소용이 없고, 지금까지 느렸던 부귀영화도 일취지몽(一炊之夢)이 된다.

병은 육체를 약하게 만들고 정신까지도 약하게 만든다. 병이 깊으면 깊을수록 살려는 의욕은 더 강해진다. 집안의 모든 잡다한 일을 다 제쳐놓고 오직 살려는 일에만 전념한다.

병에 걸린 것을 부끄럽게 여기지 말고, 병을 알려 자랑하면 다른 사람들의 경험담을 들을 수도 있다. 때로는 그들에게서 소생의 희망과 위안을 얻어 마음의 평안을 얻기도 한다.

영국 속담에, “병이 들어올 때는 말을 타고 들어오지만, 나갈 때는 걸어서 나간다.”(Sickness comes on horseback and departs on foot.)는 말이 있다. 병을 가볍게 여기고 교만에 빠지면 병은 절대로 낫지 않는다. 몸보다는 재물을 중히 여겨 병 고치기를 소홀히 하는 사람도 있다. 돈을 아끼다가는 돈도 잃고 생명도 잃는다. 무당이나 복자(卜者)의 말을 믿다간 고칠 병도 고치지 못하고 간다.

병에 대한 공포심을 버리고 의사의 지시에 따르라. 병은 단순한 기분이나 감정으로는 고칠 수가 없다. 무서운 중증의 병은 결코 마음만으로 치료되는 것이 아니다. 무엇보다도 먼저 의사를 신뢰하고, 병과 싸워 이길 수 있는 자신감을 가져야 한다.

병에 걸려 죽을 것이라는 생각부터 하게 되면, 병은 절대로 고쳐지지 않는다. 환자가 죽을 생각을 먼저 하면 백약명의(百藥名醫)가 다 소용이 없다. 명년 봄에 입을 옷은 무슨 색깔로 하고, 옷 스타일은 어떤 것으로 해야 할 것인지를 먼저 생각해야 한다. 늘 밝은 마음을 가지고 살면 병균이 우리 몸에 들어오지 못한다.

평소에 건강에 유의하여 병에 걸리지 않도록 해야 한다. 건강의 고마움은 병을 앓은 후에야 안다고 한다. 사람이 하는 일 중에 가장 어리석은 일이 하나 있다. 지나치게 이익을 추구하다가 건강을 잃는 일이 바로 그 일이다. 몸이 상하는 줄도 모르고 일에 몰두하다가 몸을 망치는 경우가 허다하다. 건강을 잃으면 세상의 모든 것을 잃는다.(失健失諸)

건강의 유지는 우리 모두의 책무이다. 생리학적인 도덕률이라 할 만큼 건강에 대한 책무를 다해야 한다. 세상을 바라보되 밝은 마음으로 바라보고 어두운 마음으로 바라보아서는 안 된다. 마음이 어두우면 몸이 말을 듣지 않고, 몸이 말을 듣지 않으면 병에 걸리기가 쉽다. 건강할 때 건강을 지키라 하였다. 병이 든 다음에 건강을 지키려고 하면 이미 늦은 것이다. 삼정승(三政丞) 부러워 말고 내 몸 지키기를 먼저 하라는 말도 그래서 하는 말이다.

소식(小食) 다동(多動)이라는 말이 있다. 음식을 적게 먹고 많이 움직이라는 말이다. 밥을 먹되 배를 8부만 채우라고 한다. 왜냐하면 다식과 건강은 서로 동행하지 않기 때문이다. 다식(多食)은 만병의 근원이니 다식으로 건강을 꾀할 생각을 해서는 안 된다. 건강은 많이 움직임으로부터 오고(多動), 마음의 만족 또한 건강으로부터 온다. 늘 즐거운 마음을 가지고, 절제된 생활을 하며 살고, 마음의 평정을 유지하며 살면, 필연 건강하게 살 수 있을 것이다.

"사람은 성스럽기 전에 건강해야 한다."(A man must be healthy before he can be holy.)는 말이 있다. 성직에 종사하는 사람도 건강해야 그 직을 지킬 수 있고, 건강을 잃은 후에 건강을 달라고 간구해 해봤자 아무 소용이 없다.

몸에 병이 있으면 바로 병원으로 가야 한다. 약으로 치료할 병은 약으로 치료하고, 칼로 째야 할 병이면 째서라도 치료해야 한다. 마음이 투철해야 병을 고치고, 병 없는 몸으로 사는 것보다 더 행복한 생활은 없다. 병든 몸은 지옥이고, 건강한 몸은 천국이다.

일병장수(一病長壽)라는 말이 있다. 장수하려거든 한 가지 병이라도 있어야 한다는 말이다. 고로롱팔십이라는 말이 있다. 몸에 병이 있어야 병을 경계하며 살고, 병을 경계해야 병이 침범하지 못한다. 병이 없으면 경계하는 바가 없어 무절제에 빠진다. 그래서 무병단명(無病短命)이라는 말이 나왔다. 몸에 병이 있으면 술, 담배, 마약 같은 것을 조심하며 살지만, 몸에 병이 없으면 자기 몸을 과신하게 된다. 지나치게 과신하다간 하룻밤 사이에 가는 불행을 겪는다.

병이 나면 병원에 가서 고칠 생각을 해야 한다. 어지간한 병은 다 고칠 수 있을 만큼 세상이 좋아졌다. 홍시만 떨어지는 것이 아니라 땡감도 떨어지니 늘 조심하며 살아야 한다.

두동치활(頭童齒闊)

두동(頭童)이란 머리털이 빠져서 어린이처럼 민둥해진 것을 말하고, 치활(齒闊)이란 이가 빠져서 이 사이가 벌어진 것을 말한다. 이 말이 어렵거든 늙은이들의 얼굴 모습을 생각하면 쉽게 이해할 수 있을 것이다.

나는 나이로 치면 극 노인에 속한다. 그런 데다 머리털까지 다 빠졌으니, 어린애의 머리처럼 민둥해 보인다. 뒷머리에는 게 딱지만 하게 흰 머리털이 붙어있어, 겨우 붙어있다는 시늉만 낸 것처럼 보인다.

얼마 전까지만 해도 희끗희끗했지만, 어느새 검은 끼는 간 곳이 없고, 이제는 완전한 백수(白首)가 되었다. 조금만 더 있으면 그것마저 다 사라지고 없을 것이다. 그놈이라도 남아있어서 명색이 머리(頭)의 체면을 유지케 하지만, 그것마저 사라지면 어떻겠는가, 날로 비참해지는 생각이 든다.

힘으로라도 할 수 있다면 세검정(洗劍亭)에 가서 칼을 씻어 들고, 세월이 오는 길을 막아보려 하겠지만, 부질없이 힘만 낭비하는 것이 될 것이다.

머리가 하얀 것은 전적으로 세월 탓이다. 세월이 가면 자연히 머리가 하얘지기 때문이다. 어떤 모임에서 유독 내 머리만 하얗고, 다른 사람들의 머리는 검게 보이는지라, 무슨 비결이라도 있느냐고 농담 삼아 물었더니, 모두 다 웃는 것이었다. 모임이 끝나고 나서 모두가 이구동성(異口同聲)으로 하는 말이, 자기들도 이미 시작한 지 오래라고 했다. 묘한 어떤 것이 물리적인 요술을 부려 흰색을 검은색으로 변색시켰을 뿐이라고 했다.

흥망이 재천(在天)인데, 인세(人世)의 부질없음을 탄(歎)한들 무슨 소용이 있겠는가. 유구(悠久)한 영겁(永劫)으로 보면 천년도 수유(須臾)인데, 고작 100년도 살지 못하고 가면서 푸념은 무슨 푸념, 주어지는 대로 살다가 오라 하면 가는 것이 마땅한 것 아닌가. 세월이 하는 일을 아무도 막을 자가 없으니, 순순히 받아들여 순복(順服)하는 것이 옳지 않겠는가.

내 그간 만고풍상(萬古風霜)을 겪으며 산지라, 내 머리나 온몸에 그 여적이 그대로 남아 있다. 세월 따라 흐르면서 지금은 초연(超然)한 마음으로 다 체념(諦念)하고 사니 되레 마음이 편하여 좋다.

매일 아침, 공원 트랙을 같이 도는 한 지인(知人)이 있다. 고등학교에서 교장을 하신 분으로 몸가짐이나 옷매무새가 단정무비(端整無比)하다. 나는 원래 몸가짐이 털털하여 밖에 내놓으면 초동목부(樵童牧夫)나 다름이 없어 보인다. 옷매무새도 그렇고, 머리 가꿈새도 털털하여 무엇이 잘못되어도 신경 쓰지 않고 산다.

어느 날이었다. 그 교장 선생님이 목욕은 어디서 하고, 이발은 어디서 하느냐고 물었다. 같은 목욕탕에 다니고 있었지만, 날짜가 다른지라 모르고 지냈었다. 이발할 곳을 바꿔야겠다며 가르쳐 달라고 하기에, 아주머니도 예쁘고 이발도 잘하니 그곳으로 가라고 했더니 그렇게 한다고 했다.

그분의 나이도 나와 비슷하고 머리도 완전히 두동백발(頭童白髮)인지라, 세발(洗髮)이나 면도도 필요 없어 이발료는 다른 곳의 반값밖에 받지 않는다.

두동백발에 나이는 들 대로 들어 보이지만, 한 가닥의 선미(仙味)가 있어 보이지만, 끝나가는 인생의 마지막을 보는 듯하여 애수(哀愁)가 느껴진다.

공것을 좋아하면 머리가 벗겨진다 하지만, 사실이 그런 것은 아닌 것 같다. 대머리만 보면 예부터 그렇게 놀려댄 것이 사실이라지만, 요즘은 젊은 사람들 중에서도 머리가 벗겨지는 사람들이 많다. 그렇게 되는 이유는 각자 사람에 따라 다르겠지만, 한 올의 머리털이 빠지는 것이 어찌나 아깝던지, 한 올마다 애한(哀恨)이 서려 있다. 나이에 걸맞지 않게 너무 빠지면 미추(美醜)의 개념이 얽히기 때문에 신경을 많이 쓰게 된다.

머리가 훤칠하게 벗겨지면 이를 보름달에 비유하여 공산명월(空山明月)이나 공산야월(空山夜月)이라고 한다. 아무리 들어도 싫지 않게 들리니 많이 단련이 된 셈이고, 이제는 그런 작은 말 한마디는 조금도 신경이 쓰이지 않는다.

두동치활이라, 세월이 하는 일을 누가 막겠는가. 세월이란 놈이 흐르면 그 행적(行蹟)이 내 몸에 서리는 것이니, 이를 순순히 받아들여 화친(和親)하여 삶이 좋을듯하다.

젊은 대머리 총각들이여! 통근길 처녀가 가슴 태우며 기다린다고 하지 않던가. 이빨이 빠진 노장구들이여! 붕어에게 뺨을 맞고 새우에게 침을 맞는 슬픔을 겪는 것은 누구나의 슬픔이니 그리 알고 사시구려. 고목봉춘(枯木逢春)의 길은 절대로 없으니 두동치활의 길이 운명이라 여기고 살면, 다른 탈만 없이 살면 괜찮지 않겠는가. 지금의 생활이 노년 청춘이라 여기시고 힘차고 당당하게 사시구려. 두동치활 만세!

매(회초리)

화가 나는 대로 두들겨 패면, 그 회초리는 잘하라 하여 때리는 교편(敎鞭)이 아니다. 그때의 기분을 참지 못하여 행하면 그 매질은 폭력이 된다. 폭력이 위험한 것은 단순한 폭력으로 끝나는 것이 아니요, 그 폭력은 제2의 폭력을 불러들이기 때문이다.

매를 때리되 자세를 갖추어 때리면, 좋은 매가 되지만, 그렇지 않고 마구 휘두르면 매가 아니요, 야성(野性)의 폭발이 된다.

나도 어렸을 때는 서당에서 한문 공부를 할 때, 매를 맞은 적이 있다. 1주일 내내 배운 것을 접장님 앞에서 외워야 했다. 만약 도중에 막히거나 잘 외우지 못하면 회초리로 얻어맞아야 했다. 아랫도리를 걷어 올리고 맞았고, 그것도 마을 어른들 앞에서 맞는 것이어서 여간 부끄러운 일이 아니었다. 엄살을 부린다고 하여 때리는 횟수가 감해지는 것도 아니고, 정해진 횟수를 다 맞아야 매는 끝나는 것이었다.

옛말에 엄이자(嚴而慈)라는 말이 있다. 엄한 것이 사랑하는 것이라 하여 엄격하게 잘못을 다스렸다. 매를 아끼면 자식을 버린다(Spare the rod, spoil the child.) 하여, 필요할 때는 매를 들어 다스렸다. 옛 말에 사나운 어미 밑에 좋은 자식이 난다 하였고, 어미가 무르면 자식을 버린다 하였다. 필요하면 어미는 야무지게 꾸짖어 다스려야 좋은 자식이 된다고 하였다.

나는 그런 문화권 속에서 자란지라 잘못하면 회초리 정도는 들어도 무방한 것으로 생각하고 있다. 그러나 정작 나는 아직 우리 애들에게 회초리를 들어본 적은 없다. 그래도 그놈들이 별 탈 없이 잘 자라 주었으니 크게 감사할 일이다.

경전에 "성령에 감동되었을 때에는 제때에 날카롭게 꾸짖을 것이나, 네가 꾸짖은 자에게 그 후에는 더 큰 사랑을 나타내 보여, 그가 너를 자기 원수로 여기지 않게 하라."고 하였다. (교성 121:43~44)

날카롭게 꾸짖는 것은 몰라도 폭력은 안 되는 것이고, 회초리 같은 물리적인 형태의 것은 잘 쓰지 않으면 교편으로 합리화하기가 어렵다.

이 세상에서 가장 무서운 것은 자식들의 눈이라고 한다. 자식들의 눈에 부모의 모습이 어떻게 투영하느냐는 대단히 중요한 일이다. 아버지가 담배를 피우면 담배는 으레 피우는 것으로 생각하기 쉽고, 아버지가 술주정을 하면, 술주정 정도는 별것이 아닌 것으로 생각하기가 쉽다. 부모가 욕을 함부로 하면 그것을 본받아 욕을 하기가 쉽다. 쓰레기를 함부로 버리면, 쓰레기 정도는 함부로 버려도 되는 것으로 생각한다.

부모는 글로 책을 쓰는 것이 아니고 몸으로 책을 쓴다. 몸으로 쓰는 책은 그것이 자식들의 눈에 그대로 투영되어 나타난다. 그런 일은 매일 계속될 터이어서, 이보다 더 무서운 책은 없다. 그러다 부모의 마음마저 자식들에게 그대로 전수(傳授)되면, 부모와 똑같은 복제된 자식이 된다.

나의 선친은 엄하셔서 그야말로 엄부 슬하에서 자랐다. 잘못하면 말이나 회초리가 아니라 주먹이나 발의 직격탄이 날아들었다. 9남매를 그분 생각대로 키우셨고, 한 놈이라도 그분 생각에서 벗어나는 놈이 있으면 큰일이 일어나는 것으로 생각하셨다. 독재자 중에서도 독재자였고, 한 치의 잘못도 인정하지 않는 그야말로 왕 독재자이셨다. 현재 9남매 중에 장형만 타계하시고 나머지는 모두 건강한 사회인으로 의식에 궁함이 없이 잘들 살고 있다.

우리는 그런 문화권 속에서 자랐다. 만약 지금 그런 부모가 있다면 자식들로부터 테러를 당할 것이고, 부자유친(父子有親)의 관계도 무너지고 말 것이다. 세상 참 많이 변했다. 지금은 부모가 자식들의 눈치를 봐야 하고, 자식들이 싫어하는 말을 했다간 별의별 수모를 당할 것이다.

자녀를 훈계할 필요가 있으면 남들이 보는 앞에서가 아니요, 조용하고 은밀한 곳에서 그것도 아주 진지하게 자세를 갖추어서 해야 한다. 야단을 친 다음에는 더 큰 사랑을 보여주어 상대방이 악의를 품지 않도록 해야 한다.

큰 일일수록 더 소리를 낮추어 행하고, 마음과 자세를 가다듬어 아비의 진정성을 보여야 한다. 그렇지 않고 폭력으로 하려다간 일을 크게 그르친다. 자녀를 설득하려면 부모의 사랑이 진실해야 하고, 정확한 원리에 근거를 두어야 한다. 그들의 말을 차분히 듣고, 통제하려 할 것이 아니고, 정확한 논리를 세워 이야기해야 한다.

자식들이 잘못하면 이를 고쳐 살게 하고, 잘하면 손뼉을 쳐서 칭찬해 주어야 한다. 대인관계에 있어서도 다를 바가 없다. 잘못한 일이 있으면 그를 다독여 더 잘하도록 하고, 잘한 일이 있으면 칭찬하여 더 잘하게 하면 감사한 마음을 갖게 될 것이다.

잘못했다 하여 심하게 나무라면 되레 반감을 사게 되지만, 더 큰 사랑을 보여 도와주면, 잘못을 더 깊이 뉘우치고 개과천선(改過遷善)의 길로 들어설 것이다. 하던 일에 실패한 자가 있으면, 좌절하는 일이 없도록 하고, 용기백배하여 재기의 힘을 얻게 해야 할 것이다.

남이 잘 되는 것에 시기심을 가지면, 들어오던 복이 발길을 돌려 달아날 것이다. 남을 시기하는 마음이 커지면 남을 미워하는 마음이 생겨 더 큰 증오심을 갖게 될 것이다. 아들이 잘하는 것을 보면 마음속으로 더 큰 박수를 쳐서 격려하여 주고, 잘못한다고 하여 함부로 매를 들어서는 안 된다. 매는 다른 폭력을 불러들이는 큰 화가 될 것이기 때문이다.

극기(克己)

몸의 모든 부위가 부실한 사람이 누웠다 일어나는 일은 쉬운 일이 아니다. 특히 허리가 부실한 사람은 일어나기가 힘들어 그냥 그대로 오래 누워 있으려 한다. 오래 누워있기를 계속하면 몸의 모든 부위는 더욱 부실해진다.

이른 아침이면 일찍 일어나 밖으로 나간다. 그러기를 평생 계속하다 보니, 나의 몸의 모든 부위는 아직은 그런대로 괜찮은 편이다. 나도 참 무던한 사람이다. 평생을 그렇게 하며 살았으니 무슨 상 같은 것이라도 받음 직도 하다. 내 나이가 산수(傘壽)의 고비를 넘긴 지 오래인데도, 아직도 건강하게 살고 있으니 이것이 곧 내가 받은 보상이 아닌가 싶다.

노인은 하루만 움직이지 않아도 몸이 굳어지고, 몸이 굳어지기 시작하면 더욱 살기가 힘들어진다. 언젠가는 다들 그럴 날이 오겠지만, 그날까지는 나 자신과의 싸움에서 이겨야 한다. 그렇지 않으면 방안 통수가 되어, 방안지기의 외로운 신세가 되어 지겨운 세월을 보내게 된다.

내가 생각해봐도 나는 상당히 독종이다. 독종이 아니고서야 그런 지독한 인고(忍苦)의 시간을 보낼 수가 없기 때문이다. 그러나 아침에 한 시간여 정도의 시간만 밖에서 보내고 오면, 하루를 살 에너지를 얻는다. 가벼운 몸으로 하루를 지내는 쾌감은 그 어느 것에도 비할 수 없는 쾌감이다.

아들놈이 대학교에 가게 되었을 때, '克己'라고 쓰인 한문 글귀를 어느 점포에서 구하여 주며 가져가겠느냐고 했더니 그러겠다고 했다. 앞으로의 대학생활이 극기의 생활이어야 할 것 같아서 그렇게 했지만, 얼마나 크게 도움이 되었는지는 모르겠다. 그 글귀를 치운 지 오래된 것 같지만, 힘들 때는 그 글귀를 상기(想起)하며 살고 있으리라는 생각이 든다.

자기 자신과 싸우는 일이야말로 가장 어려운 싸움이고, 자기 자신을 이기는 일이야말로 승리 중에서도 가장 큰 승리이다. 이 세상의 모든 일은 자기 자신과의 싸움에서 이기는 일로부터 시작된다. 자기 자신과의 싸움에서 이기지 못하는 자는 남과의 싸움에서도 이기지 못한다.

옛말에 허기평심(虛氣平心)이라는 말이 있다. 기를 가라앉혀야(虛氣) 마음이 편안해진다는 뜻이다. 마음이 편안하기를 원하면, 먼저 마음속에 이는 분노(憤怒)의 기(氣)를 가라앉혀야 한다. 마음속에 이는 화기(火氣)를 억제치 못하면, 나를 부수고 급기야는 남도 부순다. 격렬(激烈)한 감정의 폭발을 억제하지 못하면, 종래에는 자기 자신을 파괴하고 남도 파괴하기에 이른다.

세상은 파도가 치고 눈, 비, 바람, 천둥, 번개가 친다. 늘 햇빛 찬란하고 안온한 봄날만이 있는 것은 아니다. 겨울의 칼바람과 싸워야 하고, 여름의 혹서(酷暑)와 싸워 이겨야 한다. 어려운 일은 한서(寒暑)의 구별 없이 달려든다. 남에게 저항하기 전에 나 자신에 대한 저항에서 이겨야 한다. 자신과의 싸움에 이기지 못하는 자는 남과의 싸움에서도 이기지 못한다.

슬픔이 지나치면 자기 몸이 상한다. 슬픔이 지나치면 마음이 상하니 마음이 상하지 않도록 해야 한다.(哀而不傷) 슬픔에 지는 자는 인생에 지는 자이고, 애상(哀傷)함에 눌리면 인생이 눌린다. 내 마음속의 적은 하루에도 수십 번 나를 공략하지만, 그 적을 이기지 못하면 마음 밖의 적에게도 필연 공략당한다.

남에게 이기려 하는 자는 나 자신과의 싸움에서 이겨야 한다.

마음에 격정(激情)이 일지 않게 해야 한다. 격정은 곧 큰 분노의 불이기 때문이다. 그 불은 나를 태우고 내 이웃과 세상을 태운다. 자기 자신을 이기는 것 그것은 곧 나에게 자유와 마음의 평정을 가져다준다. 극기는 자기 자신과 세상과의 싸움에서 이기는 힘이다.

어떤 일을 하든 그 일이 궁극의 목표에 이르렀다면 이는 곧 예술이다. 농부가 피땀을 흘려 남보다 좋은 곡식을 만들어 내고, 스승이 제자를 길러내어 청출어람(青出於藍)의 경지에 이르게 했다면, 이 또한 위대한 예술이다. 가장은 가족을 위해 절골지통(折骨之痛)의 아픔을 극복하고, 자식을 위하는 일이면 만난을 무릅쓴다. 불후(不朽)의 도예품을 구워내고, 명품대작(名品大作)의 그림을 그리는 것만이 예술은 아니다.

자기가 하는 일에 신명(身命)을 바쳐 일하는 자는 그가 누구이든 극기의 대가요 위대한 예술가다.

공부하는 자는 열심히 공부하지 않으면 거둘 소망이 없고, 일하는 자가 자기의 하는 일에 전념하지 않으면 거둘 소산(所産)

이 없어진다. 강의자가 열심히 연구하고 열심히 가르치지 않으면 후학들의 앞날이 어둡고, 위정자(爲政者)가 위정(爲政)에 힘쓰지 않고, 자기 이익만을 구하면 백성들의 살길이 막막해진다.

자식을 키우면서 인생을 배운다고 하거니와, 힘들다 하여 자식 돌보기를 소홀히 하면, 자식을 버리게 되고 세상을 살아갈 희망을 잃는다. 극기는 나를 이기는 힘이요 자신을 믿는 힘이다. 또한 어려움을 이겨낼 수 있는 힘이요, 세상과 싸워서 이길 힘이다.

좋은 일도 지나가고 힘든 일도 다 지나간다. 좋은 일은 빨리 지나가고, 힘든 일은 더디 지나간다. 장사가 잘될 때도 있고, 잘 안될 때도 있다. 장사가 잘 안되더라도 망하지만 않고 잘 버텨야 한다. 망하지만 않으면 언젠가는 다시 일어설 힘을 얻는다. 극기는 인내요 사랑이요 열정이다. 자기가 하는 일을 사랑하고 열심히 행하는 자들에게, 행복의 서운(瑞雲)이 몰려와 자기와 자기 집을 융성케 할 것이다.

우리는 자신의 행복을 만드는 장인(匠人)이다

행복이란 집안 식구들이 모두 건강하고, 하는 일이 잘 이루어져서 마음의 평안과 기쁨을 느끼며 살면, 이런 마음의 상태를 말한다. 이런 마음의 상태도 오래 지속하지 못하고 곧 사라진다. 하던 일이 잘 이루어져서 너무 기쁘면, 기운이 빠질 정도가 되지만(喜則氣緩), 이런 격한 감정도 시간이 지나면 평상감정으로 되돌아간다.

나는 외관상으로는 평생을 행복하게 산 것처럼 보이지만, 기실은 어려움도 많았다. 어렵다가 풀리고 풀렸다 다시 어려워지는 그런 시간의 연속이었다. 겉으로는 아무 거리낌 없이 산 것처럼 보여서 팔자 좋은 귀공자로 보였을 것이다. 기실은 우여곡절의 준령(峻嶺)을 수없이 넘으며 살았다. 어려움 없이 사는 사람은 이 세상에 없다. 우리의 생활은 어려움의 연속이지만, 그런 어려움이 평생 계속되는 것은 아니다. 조금만 잘못해도 불행이 기다렸다는 듯이 행운을 밀고 들어와 그 자리를 차지한다.

사람은 행한 대로 거둔다. 그 이상의 것을 바라서도 안 된다. 콩을 심으면 콩을 거두는 것이지(種豆得豆) 그 이상의 것을 거두지는 못한다. 다 쓰러져가는 초가누옥(草家陋屋)에 사는 사람들도 있고, 고루거각(高樓巨閣)에 사는 사람들도 있다. 어떻게 살든 자기의 분복대로 산다. 초가누옥에서 산다 하여 불행한 것이 아니고, 고루거각에 산다 해서 행복한 것은 아니다. 산해진미를 먹고 살아도 마음이 편치 않고, 소식(疏食)으로 주린 배를 채우며 살아도 마음 편히 사는 사람들이 많다.

부모는 자식을 위해서 사는 사람들이다. 자식들이 잘되는 일이라면 만난을 무릅쓴다. 꼭두새벽에 일터로 나가 일을 하고, 살인적인 더위를 무릅쓰며 살아도 그런 생활에서도 기쁨과 행복을 누린다. 지친 몸 이끌고 집으로 돌아와도 아버지란 이름으로 평생을 버티며 산다.

우리 모두는 자기 행복을 만들어가는 장인들이다. 목수나 미장이 같이 집을 짓거나, 손재주가 있어서 물건을 잘 만드는 사람들을 장인 또는 장색(匠色)이라고 한다. 장인들이 자기의 피와 땀으로 만든 물건에서 생의 깊은 희열을 느끼듯, 우리들 역시 우리의 행복을 만들어가는 데서 기쁨과 행복을 느끼는 장인들이다.

글을 쓰는 사람은 이 일이 힘들기는 해도, 심혈을 기울여 쓰고, 이 일에서 기쁨과 행복을 느끼며 사니, 이보다 더한 보람이 없다. 글을 쓰는 순간에는 세상의 번우(煩憂)한 일들이 뚫고 들어오지 못하고, 더군다나 창조적 소산이 크니 이보다 더한 기쁨이 없다. 아무리 세상의 사악함이 크다고 해도, 내가 마음을 바르게 세우고 살면, 나를 뚫고 들어와 흔들지 못한다.(邪不犯正)

사람은 누구나 자기 행복을 만들어가는 장인들이다. 목수나 미장이가 기둥을 세우고, 벽돌을 한 장 한 장 놓고, 페인트칠을 해서 집을 아름답게 완성해나가는 마음은 곧 행복을 만들어가는 우리들의 마음이다.

안일만을 구하는 자는 결코 행복해질 수 없다. 눈, 비, 바람이 세찬 날에도 좌절하지 않고, 햇빛 화사한 밝은 날을 생각하며 산다. 희망은 아무리 어려운 일도 쉽다고 가르치고, 절망은 아무리 쉬운 일도 어렵다고 가르친다. 많은 실패와 절망 끝에 오는 성공은 바로 생의 위대한 결실이요 영광이요 희열이다.

행복은 우리가 그것을 소유하고 있다고 생각할 때만이 존재한다. 아무리 좋은 순간에도 그것을 좋다고 느끼지 못하면 좋은 것이 아니다.

불행은 싫은 것이지만 그렇다 해서 불행을 미워해서는 안 된다. 불행을 통해서 사람은 단련되고, 불행을 무서워하면 그 순간부터 불행한 사람이 된다.

행복은 잘 정착하지 않는다. 좀처럼 찾기도 어렵지만, 어느 곳에나 있다. 돈으로도 살 수 없지만 언제든지 구할 수 있다. 행복은 내 안에 있고, 우리 가정의 노변(爐邊)에서 타오르는 것이지, 남의 집 정원에서 피어나는 꽃이 아니다. 행복은 자식의 성공이나 이웃의 성공에도 느낄 수 있지만, 더욱 절실하게는 나 자신이 하는 일이 잘 이루어졌을 때 느낀다. 내가 거둔 성공은 나의 피와 땀의 소산이요 결정체(結晶體)이기 때문이다.

안병욱 선생이 쓴 '사색의 노트'에서는 "행복과 불행은 같은 지붕 밑에 살고 있으며, 번영의 바로 옆방에 파멸이 살고 있고, 성공의 바로 옆방에 실패가 살고 있다."고 하였다.

행복은 잠시 왔다 가는 철새와 같은 것이어서, 행복한 순간에 만심(漫心)에 빠지면 행복은 밀려나고 불행이 찾아올 채비를 한다. 행복한 순간이 가장 위험한 순간이다. 행복한 순간에 더욱 경계하며 살아야 한다.

행복은 눈이 먼 장님이 아니다. 늘 바르고 부지런히 일하는 사람만을 찾아간다. 모든 사람은 자기 행복의 건축가요 장인이다. 장인이 집을 지을 때 조금만 소홀히 해도 집은 비뚤어지고 물이 새서 살기 어려운 집이 된다.

장인은 자기가 하는 일에 기쁨과 행복을 느끼고, 한 치의 오차도 인정하지 않는 사람이다. 장인은 자기가 하는 일에 자기의 명예와 자존심을 걸고, 자기의 심혼(心魂)을 기울이는 사람이다.

행복은 나 자신과 우리 가정을 드나드는 귀한 손님이다. 우리 집에 와서 우리 가족을 단합시키고, 우리 가정을 즐겁고 안온(安穩)한 가정이 되게 한다. 드문드문 와도 좋지만 할 수만 있으면 한 번 오면 못 떠나게 해야 한다. 오래 잡아두어 우리 가족과 함께 사는 영원한 친구가 되게 해야 한다. 하루하루가 그대 있어 행복하다고 해보라. 눈물을 펑펑 쏟으며 그대를 안아 줄 것이다.

오래 엎드려 있어야 높이 난다
(伏久者 飛必高)

이른 아침에 공원의 트랙을 도노라면, 한 젊은이가 내 옆에 따라붙으며 인사를 하고, 그날의 날씨를 전한다. 아침저녁의 일교차가 크면 크다고 하고, 내일은 더 추우니 대비를 하라고 한다. 오후에는 비가 오니 외출할 때는 우산을 가지고 나가라고 한다.

인사하는 태도도 각별하고, 나를 걱정해주는 태도가 마치 자기의 친부모에게 행하듯 아주 유별나다. 나도 매일 아침 나오지만, 그도 거의 같은 시간에 빼놓지 않고 나온다. 옷차림도 나와 비슷해서 거의 같은 옷으로 한 철을 넘긴다.

옛말에 검이불루(儉而不陋), 화이불치(華而不侈)라는 말이 있다. 검소하게 살되 누추하지 않게 살고, 화사하게 살되 사치스럽지 않게 살라는 뜻이다. 내 평생을 살면서 남의 눈을 현란케 할 만한 값비싼 옷은 입어본 적이 없으니 못난 것 같지만 자랑스럽게 여겨진다.

다음 글을 권하니 한번 읽고 귀담아 살기 바란다.

영국의 왕 헨리 3세는 검소령을 내려 의복에 황금이나 보석을 단장하지 못하게 했다. 그러나 잘 이행되지 않았다. 오랜 궁리 끝에 "단지 매춘부나 도둑놈은 이 법령을 지키지 않아도 된다."는 단서를 붙여 다시 공포를 했다. 그다음 날부터는 보석이나 황금 장식품이 런던에서 사라졌다. 매춘부나 도둑으로 오해받기는 싫었던 것 같다.

아침에 나가 보면 신고 나온 신발들이 어찌나 아름답던지, 아름다운 신발의 시대가 도래했다고 할 만하다. 신발만으로는 누가 부자이고 누가 가난한 사람인지를 구별하기가 어렵다. 모양만으로는 어떤 것이 비싸고 어떤 것이 싼 것인지를 구분하기가 어렵다. 내 신발은 늘 싼 것이지만 신발의 외모는 무척 좋아 보인다. 그러다 보니 그 누구도 내 신발이 싼 것이라고 말하는 사람은 없을 것이다. 옛날에 학교에서 강의했던지라, 내가 신고 있는 것이나 입고 있는 것은 모두가 좋은 것이리라고 생각하겠지만, 기실은 그렇지가 않다. 좀 낮은 것이지만 아껴서 신고, 알뜰하게 가꾸어 신으니 비싼 것만큼이나 좋게 보이고 또 오래 신는다.

옛날에 '신발의 미학(美學)'이라는 제하(題下)의 글을 쓴 적이 있다. 어떻게 썼는지는 기억이 나지 않지만, 딱 한 가지는 기억이 난다. 신을 신되 바르게 신을 것이요, 아무리 좋은 신도 뒤축을 쭈그려 신으면, 그 사람의 마음이 쭈그려진 것 같아 아주 보기가 흉하다고 썼다. 하찮은 신발 같지만, 신발을 신는 모습에서 그 사람의 인격을 보는 것 같고, 신발의 미학에서 인생의 훈학(訓學)을 배우는 것 같기도 하다. 제목과는 동떨어진 글을 썼다. 이것저것 생각나는 대로 몇 줄을 썼으니 그리 알고, 다음 제목과 관련된 글을 읽기 바란다.

천재는 노력하는 자를 이길 수 없고, 노력하는 자는 즐기는 자를 이길 수 없다고 한다. 즐기는 자가 노력하는 자를 이기고, 천재를 이긴다고 하니 그러고 보면, 최후의 승자는 즐기는 자가 된다.

하늘의 재주를 타고난 사람을 천재라고 한다. 천재는 결코 범인(凡人)이 아니다. 범인보다 멀리 보고, 범인이 생각하지 못하는 것을 생각해낸다. 범인이 아무리 해도 생각하지 못하는 것을 그들은 쉽게 생각해 낸다. 어떻게 보면 참 부럽기도 하다. 천재란 별다른 노력 없이도 그렇게 잘하는 것을 보면, 생래적(生來的)으로 타고난 것임에 틀림이 없다. 그가 한 일이 탁월하여 범인의 경지를 뛰어넘으면 천재라고들 한다. 그러나 범인도 자기 자신을 잘 점화(點火)하고 잘 불태우면 천재의 수준에 이른다. 그래서 흔히들 말하기를 천재란 인내와 노력의 화신(化身)이라고 한다.

아무리 천재라 해도 자기가 하고 싶은 일이 아니면 안 된다. 자기가 하고 싶은 일에 그의 혼을 불태울 때 그 일은 잘된다. 어떤 사람이 악성(樂聖)이 되었다고 하면, 그 일을 즐기기 때문이요, 어떤 사람이 위대한 조각가가 되었다고 하면, 그 일을 즐겼기 때문이다. 어떤 사람이 그림을 잘 그리는 대화가가 되었다고 하면, 그 일을 하는 데서 기쁨과 행복을 느끼기 때문이다. 그가 좋아하는 일에 그의 혼과 열정을 쏟아부을 때, 그가 행한 일은 만인의 가슴을 울리는 불후(不朽)의 명품이 된다.

강호(江湖)의 제현(諸賢)들이여! 천재가 아니라고 한탄하지 말고, 자기가 즐기는 일이면 그 일에 열과 혼을 바쳐보시오. 빵을 굽는 일이 재미가 있으면 다른 사람보다 탁월한 제빵가가 되고, 대장간의 대장장이가 되고 싶으면, 그 일에 신명을 바쳐야 한다. 모든 일에 천재성이 있어서 되는 것은 아니다. 어떤 일을 하다 보면 그 일이 재미가 있고, 재미가 있어서 열심히 하다 보면 그 일을 잘하는 천재가 된다.

옛말에 오래 엎드려 있어야 높이 난다(伏久者 飛必高)는 말이 있다. 높이 비상(飛翔)코자 하면, 높이 나는 준비를 해야 한다. 논밭에 오래 머물러 있는 자가 좋은 곡식을 만든다. 좋은 곡식을 많이 거두고자 하면, 논밭에 오래 엎드려 땀방울을 많이 흘려야 한다. 자기가 하는 일을 즐기는 자라야만이 노력하는 자를 이기고, 천재를 이긴다.

유언(遺言)(1)

내 나이가 많은지라 어디를 가든 극 노인의 취급을 받는다. 그러나 이런 노령의 머리에서 이런 글귀를 빼낸다는 것은 아무리 생각해봐도 이상한 일이다. 나도 이를 참 신기하게 여긴다.

글을 쓰려면 다른 데도 좋아야 하지만 눈이 좋아야 한다. 눈이 좋지 않으면 곧 피로가 와서 글쓰기가 힘들어진다. 밤새 연고라 하였듯이 어느 날 아침에 일어나니 오른쪽 눈이 좀 침침하게 느껴졌다. 전적으로 갑자기 일어난 일이다. 올 것이 온 것으로 생각해서 크게 놀라지는 안했지만, 아무리 그래도 병원에는 가봐야 할 것 같아서 그렇게 했다. 눈의 망막에 가벼운 손상이 있다고 했다. 나도 모르는 사이에 이런 일이 일어난 것이다. 치료하면 나아질 수도 있지만, 그렇지 않을 수도 있으니, 그때는 그렇게 알고 살으라고 했다.

내 몸의 모든 부위가 하나씩 무너지고 있다. 이제는 튼튼하던 다리도 옛 같지가 않고, 잘 돌아가던 머리도, 눈도, 귀도, 모두가 옛날 같지가 않다. 모두가 세월의 여적(餘蹟)이지만, 화살처럼 나는 수유(須臾)인생을 막을 길이 없다. 세월은 있는 것도 같고, 없는 것도 같지만 세월보다 더 무서운 것도 없다. 세상 모든 사람이 세월에 밀려 살다가 간다. 더 밀릴 수가 없다고 생각될 때까지 살다가 체념의 눈을 감으며 인생을 종언(終焉)한다.

가족 간의 갈등은 주로 건강과 의식(衣食)의 문제에서 온다. 건강해야 아름답게 보이고, 의식(衣食)이 족해야 예의를 안다고 하였다. 건강하지 못하면 살기가 힘들고 가족에게 부담이 되고, 먹을 것이 궁하면 굶어서 죽는 고통을 겪는다.

세상이 좋은지라 오래 살기를 원한다. 그러나 너무 오래 살면 욕이 된다(壽則多辱). 100세 시대이니 그 정도까지 사는 것을 누가 나무랄 사람이 없겠지만, 100세를 훨씬 넘겨 살 생각을 해서는 안 된다.

내가 죽을 날짜는 이미 정해져 있겠지만, 모르고 살고, 내가 가야 할 길이 정해져 있지만, 그 길을 모르다 보니 헛되이 서두르며 산다. 사는 날까지 살되 건강하게 살고, 밥이 없이 살면 안 되니, 미리서 잘 대비하여 살아야 한다.

인생모년(暮年)보다 더 살기 힘들 때가 없으니, 미리 잘 대비하여 살고, 마음 단단히 먹고, 몸이 결딴나지 않도록 열심히 움직이며 살아야 한다. 움직이는 자에게 병균은 얼씬거리지 못하고, 누워만 있으면 몸은 날로 굳어져서 염라대국(閻羅大國)의 사자들이 와서 데리고 가려고 호출장을 내밀 것이다.

언젠가 대학에서 생활철학을 강의했던 분이 KBS홀에 나와 강의를 했다. 그때 그분의 나이가 99세라고 했다. 말이 조금도 어눌하지 않고, 한 시간여 동안 꼿꼿한 자세로 서서 인생 강의를 했다. 그분의 여러 처지로 보아 노년삼고(老年三苦)는 없는 듯했다. 딸이 정성껏 부양하는지라 혼자 사는 외로움도 없는 듯

했고, 2층이 자기 침실인지라 하루에도 수없이 많이 오르내리고, 게다가 하는 운동이 따로 정해져 있고, 글도 쓰고, 책도 읽고, T.V도 보고, 강의 준비도 하고, 또 다른 하는 일이 있는지라, 외로움이란 있는 것 같지가 않았다. 최근에 쓴 책이 '100세를 살아 보니'라는 책이었고, 베스트셀러가 된 지라 60여만 권이나 팔렸다고 한다. 인생말년을 말년답지 않게 당당하게 살고 있는 것 같았다.

건강이란 운동과 음식의 조합으로 이루어지는 화학작용이다. 운동 열심히 하고, 세끼 밥 열심히 챙겨 먹고, 마음 편히 사는 것을 본으로 삼으면, 이게 좋은 섭생법(攝生法)이다. 늘 섭생에 유의하면 건강하게 사는 기쁨을 누릴 것이다.

도적이 도적을 잡으라고 외치면(賊喊捉賊) 도적은 잡히지 않을 것이다. 말로만 외치고 도적을 잡을 생각을 하지 않기 때문이다. 건강한 자가 건강 이야기를 해야 따라 행할 자가 많지만, 건강치 못한 자가 건강 이야기를 해봤자 소귀에 경을 읽는 우이송경(牛耳誦經)의 허언(虛言)이 될 것이다.

이 글의 제목으로 유언(遺言)(1)로 정하고 유언 이야기를 써야겠다고 마음을 먹었지만, 글이 처음부터 잘못 써져서 엉뚱한 글이 되었다. 이제라도 이황 선생의 유언을 여기에 소개하니 잘 읽어보고 귀감삼기 바란다.

퇴계 이황(李滉) 선생은 "나는 나면서부터 치(痴=어리석음)였고, 커서는 다병(多病)이었다. 중년에는 어쩌다 학문을 즐겼고, 늙어서는 어쩌다 벼슬을 했지만, 학문은 구할수록 멀고 벼슬은 사양할수록 얽혀들었다. 근심 속에도 낙이 있고, 즐거움 속에도 근심이 있었지만, 조화(造化)를 따라 사라짐이니 다시 뭣을 구하리오."라고 썼다.

유언치고는 허심탄회하고 솔직해서 좋다. 한평생을 부끄럼 없이 살다 간 분이라 이 정도의 글을 내놓을 만해서 좋지만, 나 같은 사람은 우선은 사람됨부터 못 미치는 터라 부끄러움이 앞선다. 그저 우직하게 열심히 살았노라고 하거나, 아니면 할 말은 많으나 할 말이 없으니 그저 백면(白面)으로 남길 수밖에 다른 도리가 없을 것 같다.

죽음을 면제받은 자는 없다. 영리한 자나, 바보나, 가난한 자나, 부자나, 죽음에 있어서는 모두 평등하다. 건강할 때는 영원히 살 것처럼 느껴지지만 영원히 사는 자는 없다. 죽음은 예고도 없이 홀연히 우리를 찾아와 우리를 동여매어 끌고 간다. 영웅주의를 발휘하여 맞서보려 해도 부질없는 일이고 힘의 낭비다.

100세 정도를 살다 가면서 한마디 말도 없이 세상을 하직하는 것은 너무도 허망한 일이니, 몇 자 정도라도 후세를 위해서 남겨두는 것이 좋을 듯도 하다. 하다못해 "내가 원하는 바를 다 채우려고 해서는 안 된다. 조금 못 채우더라도 만족하여 살아라(志不可滿)."도 좋고, "허물이 있으되 고치지 못하면 그것 또한 허물이니라(過而不改 是而過矣)."도 좋을 것이다. 아내나 며느리가 잘못한다 하여 당장에 고치려 할 것이 아니요, 조금 부족하더라도 만족하며 살아야 한다. 하다못해 이런 글귀라도 남겨 놓으면 훗날 후손들이 어려울 때 큰 힘을 얻어 살지 않을까 싶다.

유언(遺言)(2)

어떤 사람들은 유언을 남기고 가지만, 그렇지 않은 사람들도 많다. 나도 지금은 별로 할 말이 없지만, 그때 가서는 어떻게 하면 될지 모르겠다. 세 아들, 며느리들, 그리고 일곱 손자, 손녀들 잘들 하고 살고 있어서 이대로라면 편안하게 갈 것 같다.

세 아들은 다 의식에 궁하지 않게 살고 있고, 손자, 손녀들은 그들 엄마, 아빠가 잘해주는지라 잘들 하고 있다.

배울 만치 배울 터인즉, 하다못해 노변에서 장사라도 해서 먹고살 것이 아닌가. 누구든 몸만 성하면 무엇을 하든지 굶어 죽지는 않을 것이다.

자식들의 유일한 관심사는 부모가 가지고 있는 재산이다. 그것 때문에 자식들 사이에서 분란이 일어난다.

내가 알고 있는 한 지인은 자식들 사이의 분란을 예방하기 위해서 사후처리(死後處理)를 해두었다고 한다. 문서로 작성하여 인봉한 후에 큰아들에게 맡기며, 자기가 죽은 후에 개봉하여 내용대로 집행하라고 했다.

그분은 원래 재력(財力)이 있는 분이어서, 상당량의 분깃을 그런 형식을 통해 고루 나누어주어, 사후의 분란을 없애고자 함이었던 것 같다. 법적인 공증을 통해 한 것 같지는 않고, 자기 재량으로 그렇게 한 것 같다. 아들들에게 마지막으로 남기고자 하는 유언까지 다 준비해서 그 속에 넣었는지는 알 길이 없다.

자식들이 모두 훌륭하고 의식(衣食)에 조금도 궁하지 않게 살고 있는지라, 부모의 유산 같은 것에는 조금의 관심도 없을 것이란 생각이 든다. 하지만 좋게만 보고 있었던 그놈들 중에 어떤 놈이 반란을 일으켜 가화(家禍)를 일으킬지는 알 길이 없다.

탐욕에서 근심이 생기고(貪慾生憂), 탐욕에서 두려움이 생긴다(貪慾生畏). 탐욕이 없는데(無所貪慾), 어찌 근심이 있으며 두려움이 있겠는가(何憂何畏).

재물에 욕심을 부리지 말고, 특히 형제간에 재물을 탐하지 말라 하였지만, 재욕(財慾)의 불길은 끝 간 데가 없다.

어느 재벌가가 임종 시에 빙 둘러앉은 자식들에게 "싸우지 말고 사이좋게 잘 살아라."라는 유언으로 그의 생을 끝냈다고 한다. 짧지만 매우 감동적인 유언이어서, 부친의 마지막 유지(遺志)를 받들어 살 것이라 믿는다. 재욕이 일 때마다 부친의 마지막 유언을 상기하면서 그 무서운 탐심을 억제하며 살 것이다.

나에게 막역한 친구가 하나 있다. 그의 이름은 이 계선이란 사람이다. 살아생전에 죽을 대비를 다 해놓은 사람이다. 선산에 자기와 부인의 묫자리를 잡아 가묘를 써놓았고, 비석까지도 세워, 자기 하고 싶은 대로 다 해놓은 사람이다. 자식들이 자기의 뜻대로 해줄 것 같지도 않은지라, 비문(碑文)도 평생의 공적을 다 기록하여, 누가 보기에도 훌륭한 비석을 세워 놓았다. 비문의 초안을 나에게 보내왔기에 읽어보았지만, 고칠 데라고는 한 군데도 없었고, 미문여구(美文麗句)로 쓴 것이 아니고, 살아생전의 그의 공적을 사실대로 기록한지라, 조금의 허식이나 과장도 없었다.

22세에 동갑내기 부부로 만나 80세 중반의 수를 향수(享壽)하고 있다. 금슬(琴瑟)이 어찌나 좋던지 평생에 싸움을 한번도 하지 않고 살았고, 금슬상화(琴瑟相和)가 좋은지라 해로동락(偕老同樂)의 기쁨을 누리며 살고 있다. 여러 차례 발간한 책을 통해 자식들을 교육한지라, 사후의 유언으로 별도로 할 말이 없다고 한다. 부친의 뜻을 좇아 형우제공(兄友弟恭)의 동기애(同氣愛)로 산지라 부모의 재산 같은 것에는 조금의 탐의(貪意)도 없을 것 같다. '다정한 부부'라는 책을 마지막으로 탈고(脫稿)가 거의 끝났고, 책의 간행비가 꽤 많을 터인데도, 있는 돈 다 쓰고 가야지 남겨놓으면, 동기간의 의가 끊어진다고 했다. 그의 생각이 참 옳고 허심탄회(虛心坦懷)하게 느껴진다. 언제 그에게 유언으로는 무엇을 준비하고 있느냐고 다시 물어볼 참이지만, 손사래를 치며 다 이야기했네 할 것이다.

아무리 많은 돈도 못 쓰고 가면 돌덩어리와 같은 것이고, 잘못하다간 자식들 간의 분란(紛亂)의 불씨가 되어 훗날의 큰 추문(醜聞)으로 세상에 알려지면, 그보다 더 부끄럽고 불명예스러운 일도 없을 것이다.

영국의 유명한 문인 찰스 디킨스(Charles Dickens)가 쓴 '크리스마스 캐럴'(Christmas Carole)이라는 작품의 주인공 스크루지는, 자기가 행하고 있는 일이 얼마나 나쁜 일인지도 모르고 살다가, 비석에 새겨진 자기의 나쁜 행적을 꿈에서 보고서야, 살려

달라고 애원하는 모습에서, 처절한 인간적 비애와 만시지탄(晩時之歎)의 우(愚)를 느낀다.

평소 열심히 그리고 바르게 살다 가면, 훗날을 두려워할 것도 없이 가장 잘 살다 가는 것이 될 것이다.

호랑이도 죽으면 가죽을 남기고(虎死留皮), 기러기도 고향 땅 위를 지날 때는 소리를 남겨 지나감을 알리고(鴻過留聲), 사람은 이름을 남겨 이 세상에 왔다 간 흔적을 남긴다(人死留名). 사람이 죽으면 비석이라도 하나 세워 그가 이 세상에 왔다 간 흔적을 남긴다.

비석에 여백이 있을 터인즉, 후세를 위해 몇 자 남기고 가면, 후세들의 좋은 길잡이가 될 것이다.

자기의 사망 기사를 자기가 써놓고 가게 되면, 대개가 미사여구(美辭麗句)를 동원해서 씀직도 하지만, 훗날 사람들이 이를 보고 비웃기라도 하면, 이보다 더 창피스러운 일도 없을 것이다. 내 모습은 이미 다른 사람들의 가슴에 투영(投影)되어 있을 터인즉, 그들의 가슴에 투영된 나의 모습이 참모습일 것 같다. 뒷사람들에게 일임하는 것이 되레 좋을 것이다.

비석의 비문은 좋은 사람의 것만 새길 것이 아니요, 나쁜 사람의 것을 더 많이 새겨서 후인들을 경각케 하는 계기로 삼으면 좋을 것 같다는 생각이 든다.

제3부

조강지처(糟糠之妻)

조강지처(糟糠之妻)라는 말이 있다. 술찌겡이와 겨로 주린 배를 채워도 조금의 불평도 없이 따라 사는 아내를 말한다. 남편과 자식들이 잘되는 일이라면 만난을 무릅쓰고, 또 가족들이 잘 먹어준다면, 자기는 어떤 것을 먹어도 상관하지 않는 그야말로 희생의 화신이다.

현숙한 아내는 나이가 들수록 좋다 하였고, 양처(良妻)와 같이 살면, 하루하루가 즐거워 천수(天壽)를 누리며 산다 하였다. 옛말에 신분이 높아지면 친구를 갈고(貴者易交), 돈이 많아지면 아내를 간다는 말이 있다.(富者易妻) 어떤 이유로도 조강지처를 하대하거나 내쳐서는 안 된다. (糟糠之妻不下堂) 만약 그런 사람이 있다면, 가혹하기 그지없는 하늘의 벌(天罰)을 받아야 할 것이다.

진실은 오랜 시간의 흐름 속에 여과되어 나타나고, 아름다움 또한 그런 진실을 통해서만이 나타난다. 진실이 아닌 것은 미(美)가 아니다. 아내의 얼굴에 깊이 파인 주름 속에 진실은 빛나고, 가족을 위해서 헌신하는 땀방울 속에 진실의 미는 더욱 빛난다.

살신성인(殺身成仁)의 본을 조강지처에게서 보는 것 같아 잠시 조강지처를 예찬했다. 큰 일을 당한 후에 울고불고하지 말고 한 번쯤 생각하며 살기 바란다. 고리타분한 옛날이야기라 타기(唾棄)하지 말고, 꼭 한 번 귀담아듣고 귀감삼으면, 아무리 세상의 변화가 크다 해도 그 변화를 바르게 수용하며 살 수 있을 것이다.

지족(知足)

삼지란 세 가지 알아야 할 것을 말한다. 첫째가 지족(知足)이요, 둘째가 지분(知分), 셋째가 지지(知止)이다.

지족이란 만족할 줄 아는 것이요, 지분이란 분수를 아는 것이요, 지지란 그쳐야 할 때 그칠 줄을 아는 것을 말한다.

이른 아침에 나가 한 시간 정도 운동하고 돌아오는 것이 나의 일과의 시작이고, 그렇게 해야만 마음이 편하여 좋다. 단 하루라도 그렇게 하지 않으면 마음이 찝찝한지라, 큰 사정이 없는 한 꼭 그렇게 하며 산다. 비가 오면 우산을 받치고 나가고, 추우면 두꺼운 점퍼를 걸치고 나간다. 내 나이가 많은지라 추운 겨울철에는 그렇게 해서는 안 된다며 극력 만류 하지만, 요즘에는 다들 지쳤는지 아무 말이 없다. 내가 좋아서 하는 일이라 어지간한 어려움은 잘 극복이 된다.

아무리 어려운 일도 만족하며 행하면 큰 기쁨이 되지만, 아무리 쉬운 일도 만족하여 행하지 않으면, 힘들어서 행하기가 어렵다.

옛 글귀에, 만족하며 사는 자는 가난하고 천하게 살아도 기쁨이지만, 만족하지 못하고 사는 자는 부귀를 누려도 근심이라(知

足者 貧賤亦樂 不知足者 富貴亦憂) 하였다. 베이컨을 살 수 없는 자는 양배추로도 만족한다(He who can't get bacon, must be content with cabbage.)는 말이 있고, 만족은 궁전보다는 오막살이에 더 자주 깃든다(Content lodges oftener in cottages than palaces) 하였다. 누옥(陋屋)에 살아도 만족하게 살면 행복한 것이 아닌가.

채근담(菜根譚)에 나와 있는 글귀를 여기에 인용한다.

"집이 커서 천 간(千間) 넓이라 해도 잠잘 때는 여덟 자 길이면 되고, 전답이 많아서 만경창파(萬頃蒼波)같이 넓어도, 하루에 두 되 쌀이면 족하다. 내 집 담이 남의 집 담처럼 넓지 못하고, 내 집 곡간의 쌀이 남의 집 것만큼 많지 못해도 애달파 할 것은 조금도 없다. 남의 것을 부러워하지 않는다면, 생활의 괴로움은 절반으로 줄어든다."

만족은 천연(天然)의 부(富)이고, 행복은 만족하는 자에게 온다. 아무리 많은 것을 가지고 있다 해도 만족하지 못하면, 가지고 있지 않은 자나 같고, 적게 가졌다 해도 만족하며 살면 부자인 것이다. 그래서 옛말에 지족자부(知足者富)라 하였다. 만족하게 살면 그 사람이 부자인 것이다. 만족하지 못하면 아무리 부유하더라도 가난하고, 만족하며 사는 사람은 가난하여도 부자인 것이다.

그런데 사람의 욕망은 천정부지(天井不知) 높이 치닫는다. 가지면 가질수록 더 가지려고 하고, 누리면 누릴수록 더 누리려고 한다. 그러다 보니 재산 때문에 부자지간에도 피 흘리며 싸우고, 형제간에도 싸운다. 권력욕에 눈이 어두워지면 두 마리의 개가 뻘밭에서 물어뜯고 싸우듯 싸운다.(泥田鬪狗) 인간의 권력욕도 무한해서 한번 잡았다 하면 영원히 놓지 않고 잡으려 한다.

일정 기간 권세를 누렸으면 내려올 줄 알아야 하는데도, 또 그러지 못하고 버티다가 풍비박산(風飛雹散)의 대불행을 겪는다.

나도 만족을 느끼지 못하고 죽을 때까지 글을 쓰려고 하니 이들과 다를 바가 없다. 글 같지 않은 글을 쓴다고 비판이 쏟아져도 소용이 없다. 글을 쓰는 자들이나 지식을 추구하는 자들의 욕구충족도 눈을 감는 날까지 계속된다. 지가(紙價)를 좀 높이기는 해도 세상은 이들로 인하여 밝아질 터이니 크게 나무랄 일은 아니다.

오늘날 세상이 이렇게 잘 사는 세상이 된 것은 사람들의 욕구충족의 무한 질주 때문이다. 먹고 놀고 자는 것으로 만족해버렸더라면, 원시적 수준의 구각(舊殼)에서 벗어나지 못하고 말았을 것이다.

돈을 벌되 얼마든지 바르게 벌어 세상을 위해서 쓰고, 시정(施政)을 베풀되 백성을 위해 헌신적으로 하고, 물건을 만들되 더 좋은 물건을 만들어 세상에 내놓고, 이렇게만 한다면 이보다 더 잘하는 일은 없을 것이다.

만족은 천연(天然)의 부라 하였고, 만족할 줄 아는 자가 부자라 하였은 즉, 많은 것을 가지고서도 만족할 줄 모르면, 가난한 자와 똑 같고, 아무리 적게 가지고서도 만족하며 살면, 가난하여도 부유한 자가 되어 행복하게 살 것이다.

내가 원하는 바를 다 채우려고 해서는 안 된다. 조금 못 채우더라도 만족하며 살아야 한다.(志不可滿)

지분(知分)과 지지(知止)

삼지(三知) 중에서 지족(知足)은 앞장에서 이야기했고, 이 장에서는 지분(知分)과 지지(知止)에 관해서 이야기하려고 한다. 지분이란 글자 그대로 해석하면 분수를 안다는 뜻이다. 그러면 도대체 분수란 무슨 뜻이냐?

분수란 제 신분이나 처지에 맞는 한도를 말하는 것으로, 그 한도를 넘으면 분수에서 벗어났다고 말한다. 분수에 맞는 생활을 하라는 말은 그 한도의 범위 내에서 생활하라는 뜻이다.

지금껏 살면서 남의 글도 많이 읽었고, 나이도 찰 만치 찬지라 인생경륜(人生經綸)도 쌓을 만큼 쌓았다. 그런데도 때로는 남의 비위를 건드려 속을 상하게 하는 일이 더러 있었다. 때로는 후회막급할 일을 하기도 하니, 얼마나 더 수신(修身)하며 살아야 할지 가늠이 서지 않는다.

허물이 있되 고치지 않으면(過而不改), 그것 또한 허물이라 하였다.(是謂過矣) 허물을 고치며 사니까 망정이지, 그렇지 않고 산다면 인간의 세상만큼 살기 힘든 곳도 없을 것이다.

부모가 부모로서의 도리와 분수를 지킬 때, 가정의 화합은 이루어진다. 아버지가 매일 장주(長酒)를 일삼고, 자식들에게 폭언과 구타를 일삼으면, 가정은 헤아릴 수 없는 무질서의 소용돌이에 휘말린다.

가수는 노래를 부를 때 행복하고, 그것도 자기의 노래를 부를 때 행복하다. 농부는 논 가운데 서 있을 때 행복하고, 강의자는 강의실에서 열심히 강의할 때 행복하고, 학자는 연구실에서 연구에 몰두할 때 행복하다. 하는 일에 전념할 때 기쁨이 크고, 분수를 지키며 살 때 마음이 편하여 좋다.

방이 좁으면 세간을 줄여야 하고, 돈이 없으면 쓰임새를 줄여야 한다. 가난한 자가 사치에 몰입하면 더욱 가난해지고, 무위도식(無爲徒食)으로 나태를 일삼으면, 가세는 날로 기울어 가정은 몰락의 위기를 맞는다. 나태는 만악의 근본인데도 날마다 한거(閑居)를 일삼으면 호구(糊口)마저 어려워진다.

강의실에 들어갈 때는 강의하기에 좋은 옷차림을 해야 강의 분위기가 유지되고, 안식일에 교회 안에서는 근엄한 옷차림을 해야 경건성(敬虔性)이 유지된다. 스님은 승복을 입어야 제격이고, 일하러 갈 때는 일하기에 편한 옷을 입어야 한다. 사주팔자(四柱八字)에 없는 관을 쓰면 이마가 넓어진다는 속담이 있다. 제 분에 넘치는 일을 억지로 하다간, 일을 그르치는 불행을 겪는다. 등산할 때는 등산복, 등산화가 제격이고, 넥타이 정장으로 멋을 내려다간 등산을 그르친다.

지족불욕(知足不辱)이라는 말이 있다. 분수를 알고 만족할 줄을 알면 욕됨이 없다는 뜻이다. 자기의 힘을 알고 힘에 맞추어 살아야 아무 탈이 없다. 부질없이 과욕을 부리다간 탐욕의 사슬에 메인다. 사람들은 높이만 올라가면 된다 하지만, 올라갈 때는 반드시 내려올 것을 생각해야 한다. 잘못했다간 반도 오르지 못하고 떨어지는 불행을 겪는다. 자기의 힘과 분수를 알고 행하면, 무슨 일을 하든 편안하게 잘 이룰 수 있을 것이다.

지지(知止)란 그칠 때를 알아서 그쳐야 한다는 뜻이다. 나는 원래 말을 길게 해서 듣는 사람을 지루하게 하는 일은 거의 없다. 주어진 시간은 비교적 잘 지키기 때문이다. 말은 짧을수록 좋다. 간결해야 그 핵심이 살아남기 때문이다. 중언부언하면 아무리 좋은 말도 듣기가 싫어진다. 자기가 하고자 하는 말을 될 수 있는 한 간결하게 편집을 해서 지지(知止)의 효과를 거둘 수 있도록 해야 한다.

사람이 늙으면 입을 닫고, 지갑은 열어야 한다는 말이 있다. 늙으면 잔소리가 많아 듣기가 싫다 함일 것이고, 지갑도 열어 손자 손녀들에게 용돈도 주고 친구들에게 밥도 살 수 있어야 그들로부터 사랑과 존경을 받는다.

말싸움도 오래 하다간 큰 싸움이 되고, 말을 하다가 안 되겠다 싶으면 바로 끊어야 후한(後恨)을 면한다. 모든 일에는 때가 있다. 시작할 때가 있고, 그쳐야 할 때가 있다. 사람도 태어날 때가 있고 죽을 때가 있다. 너무 오래 살면 주변 사람들에게 욕이 된다.(壽則多辱) 참 어려운 일이기는 하나 그쳐야 할 때를 알아서 그치는 것이 좋다는 말을 꼭 드리고 싶다.

나는 교직에 있다가 때가 되어 나왔다. 끝날 때가 되었으니 나가라고 해서 나왔다. 그래야 질서가 선다. 이것이 생명 순환의 원리이다. 후진들의 길을 막고 있으면 안 되고, 그들에게 길을 터주어야 한다.

남녀 간의 연정의 기간도 너무 길면 안 되고, 너무 길면 싸우기가 쉽고, 싸우면 갈등으로 이어진다. 칡(葛)넝쿨과 등(藤)나무는 다른 나무를 감고 올라가 속해 있는 나무를 고사시킨다. 이를 갈등이라고 한다. 갈등은 될 수 있는 한 빨리 끝내야 한다. 무슨 일이던지 끝내야 할 때를 알아서 끝내야 후한이 없다. 삼지(三知)가 별것이 아닌 것 같아도 알고 보면 이렇게 중요하다. 명심하여 살기를 기원하며 이만 줄인다.

불비불명(不飛不鳴)

글자 그대로 해석하면 "날지도 않고 울지도 않는다."는 뜻이다. 큰 목적을 이루기 위하여 오랫동안 조용히 있음을 이르는 말이다. 무슨 고사(故事)에 얽힌 이야기 같기도 하지만 알 길이 없다.

지금의 나의 처지와는 동떨어진 이야기 같다. 나는 지금 오라는 데도 없고, 이루어야 할 일도 없다. 이루어야 할 일이 없으니 목표란 있을 수가 없다. 그렇다 해서 내가 무엇을 기다리는 것도 없다. 그저 하루하루를 무위도식(無爲徒食)하며 살 뿐이다. 그저 오늘이 가고 또 내일이 올 뿐이다. 나처럼 나이가 많으면 세상으로부터 소외된 채 살기가 십상이고, 그러다 보면 잉여인간처럼 푸대접을 받으며 살아가기 마련이다.

얼마 전에 한 지인이 무엇을 하며 사느냐고 물었다. 어떻게 말해야 할지를 몰라 망설였다. 꼭 무엇을 알고자 해서 물은 것은 아니고, 그냥 예사로 물어본 것이지만 당하는 나는 힘이 들었다. 무심코 던진 돌이 개구리 머리에 맞아 개구리가 죽는 격이 되었다. 무엇이라도 하고 있으면 당당하게 말할 수 있으련만, 아무 일도 하지 않고, 그저 밥이나 축내며 사는 처지라 부끄럽기도 했다.

지금 하고 있는 일이 있다면 고작 펜을 굴려 글을 쓰는 일이다. 이 일이 무슨 소득을 위한 것도 아니고, 한거(閑居)를 일삼는 자의 선유(仙遊)놀이 같은 것이어서 내놓을 만한 것도 못 된다. 나는 재미가 있어서 이렇게 하고 있지만, 다른 사람들에겐 따분하기 그지없는 일로 보일 것이다. 내가 쓴 글이 읽는 이의 심령을 움직이는 글이라면 모르지만, 나와 같은 늙배기에게서 나온 글이 무슨 그런 힘이 있겠는가. 날마다 밥이나 축내지 않고 밥값이라도 하는 것 같아 실망스럽지는 않다.

물론 세상에는 대몽(大夢)을 꾸며 때가 차기를 기다리는 사람도 많다. 꿈을 꾸면 이루어질 것이라는 소망을 가지고 산다. 날지도 못하고 울지도 못하는 불비불명의 처지에서도 열심히 살다 보면, 그의 인생은 밝게 트여 올 날이 있을 것이다. 난 지금 불비불명의 세월을 살고 있는 것처럼 보여도, 나는 이렇게라도 글을 쓰며 사니, 참 신묘한 일이라 여겨진다. 나의 이 늙은 머리에서 이런 글발을 빼낸다는 게 기상천외(奇想天外)의 일이라 여겨진다.

그간 독자들의 마음을 상하게 하고, 또 귀에 거슬리는 글도(逆耳之言) 있었겠지만, 세상을 바르게 살게 하는 글도 있었을 것이다. 내 글에 관한 한 할 이야기가 많지만, 이 정도로 하고 독자 여러분의 판단에 맡기고자 한다.

다른 사람이 아무 잘못이 없는데도, 나와 생각이 다르다는 이유로 그 사람을 미워하는 경우가 많다. 그 사람이 잘못된 것이 아니라, 단지 나와 생각이 다르다는 이유만으로, 그 사람을 오해하거나 폄훼(貶毁)하는 경우도 많다. 공동체 의식을 가지고 서로

도와주며 살면, 불비불명의 답답한 처지를 이해해줄 수도 있을 것이다. 열심히 살면 천재도 이기고, 운도 이기고, 요행도 이긴다. 마음에 정성을 다해 구하면, 비록 중심에는 이르지 못한다 해도, 그 중심에서 멀어지지는 않을 것이다.(心誠求之 雖不中 不遠矣) 남이 한 말을 선용해야지 악용해서는 안된다. 아무리 좋은 말도 악용하면 나쁜 말이 된다. 애독자 여러분, 지금은 날지도 못하고 울지도 못한다 해도 열심히 노력하면, 언젠가는 그 꿈이 이루어질 날이 올 것이라 믿는다.

이 글을 끝내기 위하여 '황량지몽(黃粱之夢)'에 얽힌 꿈나라 이야기나 하고 마칠까 한다.

"노생(老生)이라는 청년이 도생(道生) 여옹(呂翁)의 베개를 빌려서 조는 사이에, 명가의 딸을 아내로 맞이하고 출세하여 재상(宰相)까지 지내며 부귀영화를 누리는 꿈을 꾼다. 눈을 떠보니 여전히 도사의 베개를 베고 곁에는 도사가 앉아 있으며, 잠들기 전에 끓이던 황량이 아직도 끓고 있었다는 이야기다."

전적으로 꿈 이야기다. 남가일몽(南柯一夢)에 상당하는 허망한 꿈이다. 한 번 정도는 읽어 둘 만한 이야기여서 소개했다. 인생은 꿈과 같고 영고성쇠가 하잘것없는 것과 비유되기도 하지만, 그런 가운데서도 우리는 살아야 하고, 싸워서 이겨야 한다. 지금은 불비불명의 어두운 세월을 살고 있지만, 언젠가는 하늘에 비상하여 훨훨 날 수 있으리라는 꿈을 가져야 한다.

이 많은 글 중에 단 하나의 글이라도 사람들의 마음에 깨달음을 주어 인생을 바르게 살 수 있게 한다면, 이보다 더한 기쁨이 없겠다. 이것이 곧 나의 불비불명의 꿈이다.

연인들의 연가(戀歌)

시간은 우정을 강화하고 연애를 약화시킨다는 말이 있다. 연애는 빨리 뜨거워졌다가 빨리 식는다 하여 하는 말이다. 연애하는데 연령이 따로 없는 것은, 연애가 젊은 사람들만의 전유물이 아니기 때문이다. 연애 감정은 누구에게나 일어나는 것이고, 일어났다 하면, 두 사람 간에는 감미로운 감정이 흐르기 시작한다. 연애 감정은 정도의 차이는 있지만, 젊은 사람의 것이라 하여 더 뜨겁고 늙은이의 것이라 하여 더 미미한 것은 아니다.

두 사람 간에 피는 꽃은 화원(花園)에 만개한 꽃보다도 아름답다. 우주가 새 운행에 들어가고 천하 만물이 신 기운을 얻어 그들을 둘러선다.

우주의 수많은 사람 중의 한 사람은 아름다운 프시케(Psyche)가 되어 나타나고, 다른 한 사람은 사랑의 신 에로스(Eros)로 승화되어 나타난다.

연애는 게으른 자의 비즈니스가 아니고, 사나운 전쟁과 같은 것이다. 시작하기는 쉬우나 모진 격랑과 싸우다 여러 차례의 좌초를 겪는다. 아무리 순항의 돛이 연풍에 나부낀다 해도 피안의 항구에 이르기는 어렵다.

연애가 잘 계속되면 연애처럼 아름답고 빛나는 것은 없다. 어느 시인이 이 밤은 영원한 밤, 사랑과 그리움이 흐르는 밤… 이라고 노래한 것은 연애의 아름다움 때문일 것이다.

지극히 진실한 것만이 상대방의 마음을 감동시킨다. 진실한 것이 아니면, 그 어떤 것도 남을 감동시키지 못한다. 상대방의 마음을 얻고자 하면 우선은 나의 마음이 진실해야 한다.

상대방의 결점을 내 맘에 맞는 것으로 고치려 하거나, 상대방을 변화 시켜 내 맘에 맞는 사람으로 만들려 하면 상대방을 얻기가 어렵다.

연애가 즐거운 것이기는 해도, 불안과 초조가 늘 끊이지 않는다. 미래는 불가지(不可知)한 것이어서 앞날이 어떻게 될지는 아무도 모르기 때문이다. 그래서 연애의 주식시장에는 안정주(安定株)가 없다고 한다.

경전에 일렀으되 "무엇이든지 대접을 받고자 하는 대로 남을 대접하여라. 이것이 율법이고 선지자니라."라고 하였다. 사랑의 주초(柱礎)를 튼튼히 놓고자 하면, 남을 먼저 대접하라는 소이(所以)가 여기에 있다.

이 세상은 개성시대라 할 만큼 개성이 다른 사람들이 서로 어울려 살아간다. 가족이 그렇고, 이웃이 그렇고, 사회가 그렇다. 화이부동(和而不同)이라는 말이 있다. 개성이 서로 다른 사람들이 화합을 이루어 살아가는 것을 말한다. 서로의 개성을 존중하며 살기 때문일 것이다.

사람들 간에는 화합과 분해의 요소가 늘 공존한다. 잘하면 화합의 행복을 누리지만, 잘못하면 갈라서는 불행을 겪는다. 연인들이 겪는 불안과 고통도 그래서 오는 것이다.

많은 시련을 이기고 쌓아 올린 탑은 금자탑만큼이나 아름답다. 미움이 밀려오면 믿음으로 감싸고, 싫음이 밀려오면 사랑으로 이겨낸다. 이 세상에 힘들지 않은 것이 없지만, 사랑하는 일보다 더 힘든 일은 없다.

연애를 하고 있는 동안은 누구나 시인이 된다. 먹구름을 타고, 비바람을 쫓으며, 푸른 하늘에 수많은 꽃잎을 날려 수를 놓고, 어지러운 주문(呪文)으로 예언도 하여 서로의 안위와 사랑을 노래한다.

연애는 아름다운 미의 창조다. 보이는 것이 모두 아름답고, 하는 말이 모두 아름답다. 만물이 그들을 위하여 도열(堵列)하여 서고, 보이는 것은 모두 비단옷을 차려입고 그들을 반긴다. 거니는 발걸음에는 운율이 넘치고, 입에서 나오는 소리에는 사랑의 여구(麗句)들이 쏟아져 나온다. 때로는 종교가가 되어 기도문을 외우고, 때로는 주술신(呪術神)처럼 주술을 외어 재앙을 몰아낸다.

에드거 앨런 포라는 유명한 시인이 있다. 살아생전에 그의 아내인 아나벨 리를 무척이나 사랑했다. '아나벨 리'라는 시를 써서 두 사람의 사랑을 예찬했다. 하늘의 천사들마저 그들을 부러워하여 시기했노라고 했다.

"바람이 한밤중에 구름 저편에서 불어와 그녀를 싸늘하게 하고 그녀의 친족들이 그녀를 가져다가 무덤 속에 묻어버렸다."고 했다.

하지만 하늘의 천사들도 바다 밑의 악신(惡神)들도, 그들의 영혼을 떼어놓지 못했고, 죽음이 그들을 갈라놓았다 해도, 그들의 영혼은 갈라놓지 못했다. 세상의 많은 열애자(熱愛者) 중에 이보다 더한 열애자는 없고, 세상에 순애자(純愛者)는 많지만 이보다 더한 순애자는 없다.

우정은 성장이 더딘 나무다. 오랜 시간이 걸려야 깊은 뿌리를 내린다. 인생 말년이 되면 새 친구를 사귀려 하지 않는다. 지금까지의 고우(故友)를 잃지 않고 그 사귐을 유지하려 한다. 연애는 쉽게 뜨거워지고 쉽게 식는다 하였지만, 오래 지속되어 영원한 사랑으로 이어지는 사랑도 많다.

사랑은 예술이다. 가장 아름답고 순수한 예술이다. 청옥(靑玉)처럼 맑고, 풀잎에 맺힌 진로(眞露)처럼 티 없이 맑은 예술이다. 둘이 취(醉)하여 열병으로 이루는 예술이요, 기쁨과 생명의 샘이 넘쳐흐르는 예술이다. 그들의 사랑이 지고지순(至高至順)할 땐 오랜 생명력을 갖는 예술이다.

벤 존슨이라는 시인이 '고귀한 자연'(The Noble Nature)이라는 시에서 노래했다. "자연이 고귀한 것은 그 속에 생명력이 있기 때문이요, 작은 풀잎 하나에도 생명이 있고, 하루를 살다간 화초(花草)라도 빛나는 꽃을 피워 올렸으면 아름다운 것이라고 했다. 낙엽이며, 작은 풀잎 하나며, 흘러가는 구름, 그리고 우리들 인생… 결국은 모두가 사라지지만, 그들의 생활 속에 영혼이 살아 있으면 그게 곧 영원한 생명이 되고, 타락과 절망과 고뇌를 이겨내고, 더욱 밝은 희망의 불빛과 숭고한 삶을 찾아간다면, 이보다 더한 생명력 있는 예술은 없다."

영혼이 빛나는 게 진짜 아름다움이라고 했다. 그들의 영혼이 그들 속에 빛날 때 그들이 그려낸 그림은 다른 사람들이 보고 그들도 그려보고 싶은 그림이 될 것이다.

세상의 연인들이여! 그대들만이 부르는 연가가 따로 있을지 모르지만, 그대들의 순수한 이야기가 그대들의 연가요, 그대들의 생각과 기도가 그대들의 연가가 될 것이다. 그대들이 시인이 되면 그 시가 곧 그대들의 연가가 되고, 그대들이 또 예술가가 되면 그 예술에 흐르는 혼이 곧 그대들의 연가가 될 것이다.

나의 행복론

집사람이 어느 날 날 보고 참 행복한 사람이라고 했다. 내용인즉, 세상의 흐름에 둔감하다는 것이었다. 겨울 한 철이면 12월부터 4월까지 거의 5개월인데도 그렇게 긴 세월을 끄떡도 하지 않고, 한 벌의 돕바 옷으로 버티며 넘긴다. 갈아입을 옷이 없는 것도 아니지만, 갈아입는 것이 싫어서인지, 그 한 벌의 옷에 만족하며 산다.

나이가 들수록 옷매무새를 비롯하여 몸단장에 신경을 쓰라고 하지만, 마음이 늘어져 버린 탓인지 늘 추레하다. 그렇지 않아도 생기(生氣)를 잃은 세월인데, 옷매무새마저 추레하면 더욱 추레하게 보인다.

검소하게 살되 너무 누추하게 살지 말고(儉而不陋), 화사하게 입되 사치스럽게 입지 말라(華而不侈)는 글귀에 맞게 살고 있어서 참 잘하고 있다는 생각은 든다. 누추하게 살지는 않으니 좋다.

다른 사람들은 넥타이도 나올 때마다 새로운 것을 매고 나오지만, 나는 옛날 것 중에서 아무거나 골라서 매고 나간다. 그래도 그걸 탓하는 사람은 아무도 없고, 어떤 때는 되레 보기가 좋다고 칭찬까지 해주는 사람도 있다.

내가 제일 많이 입고 다니는 것은 츄리닝과 운동화다. 1년이면 365일 하루도 빠짐없이 운동을 해야 하기 때문이다. 집사람이 안되겠다고 끌고 나가 사주기 전에는 지금의 츄리닝이나 운동화에 아무 불평이 없다. 운동화가 닳고 헤어져 빗물이 새어도 상관하지 않고, 츄리닝이 추레하게 보여도 상관하지 않고 그대로 입고 나간다. 때로는 변화가 좋은데도 그런 변화를 싫어하고, 현재의 것이 어떤 것이든 그것에 만족을 느끼며 산다.

아침에 나가 1시간 정도 운동을 하고 들어오면, 그것으로 그날 일과는 시작되고, 나머지 시간은 T.V도 보고, 신문도 읽고, 필요하면 가끔 책도 읽고, 글도 쓰고, 외출할 일이 있으면 외출하며 사니, 마치 신선(神仙)들의 선유(仙遊)에 이른 듯하다. 그야말로 유유자적(悠悠自適)이다. 시류(時流)에 휩쓸릴 일이 없고, 속된 세사(世事)에 메일 일이 없이 사니 참 좋다. 내 나이가 산수(傘壽)의 고비를 넘긴지 오래되었으니, 좀 쉬어야 할 나이인가 싶어 그렇게 하며 산다.

외출할 일이라고는 거의 없고 삼식(三食)이의 고독을 유일한 낙으로 여기며 산다. 집사람은 하루 세끼의 밥걱정이 유일한 걱정이고, 아침밥을 치우고 나면 낮밥을 걱정해야 하고, 또 저녁밥을 걱정해야 한다. 여인들이 생래적(生來的)으로 타고난 걱정이기도 하다. 아무리 그래도 여자들은 요리의 천재들이다. 하루 세끼, 365일, 10년, 20년, 30년, 아니 평생을 단 한 번의 실수도 없이 잘 해내니 천재 중의 천재다. 내가 지금 이렇게 글도 쓰고 말년을 건강하게 사는 것도, 집사람이 시종여일(始終如一) 일편단심(一片丹心) 불평 없이 이일을 성직(聖職)으로 여기며 잘해주고 있기 때문이다.

행복이란 다른 게 아니고 하루 일 열심히 하고, 그 일에서 만족을 느끼고 가족들과 기쁨을 나누며 사는 데에 있다 할 것이다. 일확천금을 얻어 강호의 대부호가 되거나, 하루아침에 부귀, 영화, 권세, 명예를 얻어 누리는 데서 행복을 찾으려 하면 찾아지지 않는다. 높은 자리가 안전한 자리인 것 같아도 제일 위험한 자리이고 떨어지기 쉬운 자리이다. 높은 자리에 있을 때 교만하지 말고(在上不驕), 높이 올라갔을 때 위험하지 않게 하라(高而不危) 하였다.

재물을 취하되 바르게 취하고 옳지 않은 재물에 손을 대서는 안 된다. 재욕(財慾)이 지나치면 탐욕이 되고, 탐욕에서 근심이 생기고(貪欲生憂), 탐욕에서 두려움이 생긴다.(貪欲生畏) 잘못하다간 부모와도 싸우고, 형제간과도 싸우고, 가정이 해체되는 비극도 겪는다.

거의 모든 여인들은 머리 단속을 비롯하여, 옷매무새, 화장에 이르기까지 빈틈이 없고 용이주도하다. 늘 멋 부리며 사는 데서 기쁨을 누리며 살고, 타인의 시선을 무척 의식하며 산다. 그런가 하면 나는 좀 털털한 사람이다. 옷 한 벌로 한 철을 살고, 신이 닳아 물이 새어도 아무렇지도 않게 여기며 산다. 내가 남자로 태어났기 때문에 이런 자유와 여유를 즐기며 사는 것 같다. 집사람이 나를 행복한 사람이라고 하는 이유가 바로 여기에 있다.

교회에 나가보면 자매들의 옷차림이 화려하지는 않아도 소박하고 우아하게 느껴진다. 모두가 다 자기가 하는 일에서 기쁨을 느끼며 사니 곧 행복이 아닌가 싶다.

영국의 유명한 사상가 버트런드 러셀은 그의 '행복론'에서 행복이란 체념(諦念)이라고 했다. 잊어야 할 것을 빨리 잊으며 사는 것이 곧 행복이라는 뜻이다. 잊어야 할 것을 잊지 못하고, 마음속에 오래 가두어 놓고 살면, 종래에는 그것이 큰 불치의 화근이 되기도 한다.

행복한 순간은 누구에게나 오는 것이지만, 오래 머물러 있지는 않는다. 정도를 걸으면 근심이 없고, 근심 없이 사는 것이 행복이고, 악행을 저지르지 않고 사는 것이 행복이다. 악행을 저지르지 않고 살면 근심이 없다. 행복은 내가 행복하다고 느낄 때 행복하다 하였다.(He is happy that thinks himself so.)

"행복은 작은 새와 같이 붙들어두는 것이 좋다. 될 수 있는 한 살짝 그리고 부드럽게, 작은 새는 자기가 자유롭다고 느끼기만 하면 기꺼이 그대의 손속에 머물러 있을 것이다."(C.F 햄벨)

편안한 마음으로, 그리고 부드럽게 그리고 자유롭게 살기를 힘쓰면, 행복은 나와 같이 오래 머물러 있을 것이다.

오랜 행복을 누리고자 하면 다음 글귀를 한번 생각해 보라.

"인간은 신의 생활에 참여함으로써만 참되게 행복해진다."
(A.M.S. 보에티우스/철학의 위안~The Consolation of Philosophy)

"참된 행복은 잘 정착하지 않는다. 좀처럼 발견되지 않지만, 어느 곳에나 있다. 돈으로 살 수 없지만, 언제든지 구할 수는 있다."(A. 포프/人間論)

불사조

불사조란 죽지 않는 새를 말하지만, 그런 새는 이 세상에 없다. 하지만 그런 새에 대한 이야기가 있으니 이 글에 주목하기 바란다.(영어로는 Phoenix)

Phoenix라는 새는 봉황새로 일컬어지는 새로, 아라비아 사막에 살았고 황금색과 진홍색의 털을 가진 아주 아름다운 새로(極美), 이 세상에 단 한 마리뿐이라고 한다. 600년을 살고 죽을 때는 사막 한복판에서 죽었으며, 그때 향목(香木)을 쌓아 놓고 태양광선으로 불을 붙이고, 날개를 파닥이며 하늘로 올라갔다가 스스로 불 속으로 몸을 던져 죽었다. 그렇게 죽은 새가 재로 변했고, 그 재에서 다시 어린 불사조가 태어나, 그것이 반복되어 살았다고 하여 불사조라는 이름이 붙여졌다고 한다.

이상의 이야기는 이집트 신화에 나오는 이야기이다. 신화에 준거한 이야기인지라 믿기는 어렵지만, 이 이야기가 시사(示唆)하는 바가 커서 이를 근거로 하여 글을 쓰려고 한다. 혹시 글이 마음에 안 들더라도 널리 양해하여 주기 바란다.

사람도 영원히 살면 불사신(不死身)이라고 하여 존경을 받는다. 얻어맞아도 다치지 않고, 상처가 나도 피가 나지 않는 이상하다 할 만큼 강한 사람을 말한다. 또 몇 번을 실패해도 끄떡도 하지 않고, 어떤 난관이나 어려움을 당해도 실망하거나 기력이 꺾이지 않고, 다시 일어나는 억센 투지를 가진 사람을 비유적으로 이야기할 때도 이 말이 쓰인다.

내 마음속에는 불사조처럼 영원히 자리 잡고 계시는 분이 계신다. 바로 어머님이시다. 그 간의 어머님에 대한 정을 잊지 못하여, 지난번 책에다 '사모곡'(思母曲)이라는 제목의 글을 썼다. 그중 몇 구절을 여기에 인용하여 어머님에 대한 사모의 정을 나타내고자 한다.

"요족(饒足)치 못한 가운데서도 구 남매를 고이 길러내셨고, 유독 나에게는 높은 학문을 배우게 하셔서 교수직까지 하게 하시고, 나머지 놈들도 아무 탈없이 잘 기르시고 각득공처(各得共處)하게 하셨으니, 참으로 감사하고 감사할 일이다. 살아계실 때는 모시는 일이 힘들다 하여 서로 기피하려 하더니만, 가시고 안 계시니 늘 죄스러운 마음에 고개가 숙여질 뿐이다."

"유명을 달리하면 마음도 떠난다지만, 어머니에게 끌리는 마음은 갈수록 더해가고, 그간 다하지 못한 마음을 이제라도 갚아보려 하지만 아무 소용이 없다."

"어머님이 베푸신 사랑은 천추(千秋)를 거듭해도 빛날 것이고, 은발에 묻혀 죽음과 모진 싸움을 벌이고 계셨어도, 그 여덕이 훌륭하여 그 모습에 한 가닥의 선미(禪味)가 흐르는 듯했다." 그리고 심훈(沈熏) 씨는 "하늘이 무너지고 땅덩어리가 갈라지는 한이 있더라도, 목숨이 끊어지는 순간까지 변하지 않는 것은 오직 자애가 있을 뿐이다."라고 그의 작품 '불사조'에서 어머니를 불사조처럼 예찬했다.

머리를 잘라 팔아서 자식을 위하는 어머니의 정성을 삭발모정이라는 말로 표현했고, 지녀막녀모(知女莫如母)라 하여, 딸을 아는 데 그 어머니만한 이가 없다는 말로 모정의 지극함을 표현하기도 했다.

아킬레스라는 사람은 희랍신화에 나오는 불사(不死)의 영웅이다. 그는 전신에 불사의 약을 발랐기 때문에 창이나 화살이 몸에 박혀도 죽지 않았다. 그 약을 바를 때 나뭇잎이 하나 떨어져서 그만 발꿈치의 약이 지워지고 말았다. 그래서 그의 발꿈치는 유일한 약점이 되었다. 그래서 그런지 그의 아킬레스건은 약하여 전쟁터에서도 화살은 그곳에 맞혀져 그의 움직임을 약하게 했다고 한다.

선경(仙境)에 있었다고 하는 영약(靈藥)을 불사약이라 하였고, 사람이 먹으면 죽지 않고 오래 살았다는 이야기가 전해지지만, 아무리 효험이 좋은 약이라 해도 죽지 않고 사는 자는 없다. 그저 그렇게 전해질 뿐이다. 중국의 진시황이 불로장생초를 구하려고 신하들을 제주도에까지 보냈지만 구하지 못했고, 58세밖에 살지 못하고 갔다.

내 나이도 찰 때로 차서 춘광(春光)이 화사한 계절은 아니고, 전적으로 잿빛 계절에 잿빛 인생을 살고 있으니, 한 줄기 황량한 애수(哀愁)는 금할 길이 없다. 아무리 그래도 어머님의 끝없는 자애의 모습은 불후(不朽)의 불사조처럼 내 가슴에 새겨져 살고 계신다. 아무리 지우려 해도 지워지지 않고, 지우려 하면 더욱 선명한 모습으로 내 가슴 속을 환하게 해준다.

몸이 자지러져도 상관하지 않는 그야말로 모정의 세월은 희생과 헌신의 세월이었다. 희생의 화신이요 희생의 대명사였다. 그래도 모정의 세월은 기쁨이요 행복이었다. 자식들만 잘 된다면 무슨 일을 하든 상관이 없고, 무엇을 먹든 상관이 없으셨다. 생각만 해도 눈물이 핑 돌고 감사와 존경으로 얼룩진다. 어머님은 고난과 역경에도 굴하지 않고, 쓰러졌다가도 다시 일어서시는 영원한 불사조이시다. 영원히 죽지 않고 사시는 마음의 영원한 등불이요 불사신(不死身)이시다.

이미지는 자기 판매요 경쟁력이다

이미지란 마음속에 그려지는 사물의 감각적 영상이다. 사전적 해석이어서 좀 딱딱하다. 더 쉽게 풀이하면, 내가 가지고 있는 나의 모습이 그것이 행동이든 말이든 그 외 다른 것이든 감각적으로 다른 사람의 마음속에 그려지는 그림을 이미지라고 한다.

사람마다 각기 다른 이미지를 형성하는지라, 다른 사람의 마음속에 투영되는 이미지 또한 다르다. 평생을 농부로 살았으면 농부로 투영될 것이고, 화가는 그림으로, 조각가는 조각으로 투영될 것이다. 나는 평생을 강의하며 살았고 글을 쓰며 살았지만, 그렇게 투영되었는지는 모르겠다.

강의실에서 나온 지 25년 이상의 세월이 흘렀다. 강의에 달통한 사람 같지만, 강의는 날이 갈수록 꼬였고, 학문의 심오함에 손발 다 들고 나왔다. 처음에는 처자식 먹여 살리는 딜레마에 빠졌지만, 오래 하다 보니 학문과 싸우다가 정이 들었고 학문을 사랑하는 자가 되었다.

평생을 학문하며 살았으니 팔자치고는 괜찮은 것 같지만 힘든 일이었다. 때로는 학문이 무섭기도 했지만, 열심히 했던지라 무탈(無頉)하게 마치고 나오는 영광을 누렸다. 평생을 한 일치고는 거둔 바가 너무 적어, 고작 얻은 게 바닷가의 모래알 하나도 못 되는 것을 건지고 나왔다.

말재주가 좋은 사람이 강의를 잘하는 것이 아니고, 준비를 가장 잘한 사람이 강의를 가장 잘하는 사람이 된다. 강의자는 늘 부지런해야 하고(Industry), 연구가 막힐 때는 영감을 얻어 풀어가야 한다.(Inspiration) 그럴 때 그 강의는 감동과 영감을 주는 강의가 된다.

강의자가 밤이 늦도록 눈을 후비며 연구에 몰두할 때, 아름답게 보이고, 강의실에서 열심히 땀을 흘리며 강의할 때, 그 모습보다 더 아름다운 모습은 없다. 무엇이든 열심히 해서 잘 거둘 때 거기서 느끼는 기쁨 또한 큰 것이다. 고자낙지모(苦者樂之母)라 하였듯이 고생은 즐거움의 어머니라는 뜻이다. 모든 기쁨은 고생 끝에 오는 것이지, 고생도 하지 않고 거두는 기쁨은 없다.

글 쓰는 사람이 글을 잘 쓰려면 남의 글을 많이 읽을 것이요(多讀), 많이 쓰고(多作), 많이 생각해야 한다(多商量)고 한다. 지금까지 10여권의 책을 냈지만, 타고난 문재(文材)가 있어서 그런 것은 아니다. 어떤 글의 소재가 생기면 글로 써보는 것이 재미가 있어서 그렇게 된 것이다. 글이 완성되었을 때는 무에서 유를 얻은 것 같은 성취감을 느끼게 된다. 도끼를 갈아서 바늘을 만드는 마부작침(摩斧作針)의 노력이나, 죽을힘을 다해서 산을 옮기는 우공이산(愚公移山)의 노력으로 글을 쓴 것이 아니다. 그냥 무료(無聊)를 메꾸기 위해서 심심풀이로 쓴 것도 많다. 그러다 보니 모양새도 허술한 아주 낮은 산 하나를 쌓아 올렸을 뿐이다. 그러나 그 글 속에 나의 모든 것이 여과되어 있어서 나를 알아보는 좋은 이미지가 될 것이라 믿는다.

거리에 나가보면 그간 가르쳤던 제자들이 쏟아져 나와 그들과 가끔 부딪친다. 그들의 눈총이 무서운지라 옷매무새는 늘 단정무비해야 한다. 그런데 그들에게 준 나의 이미지는 나의 옷매무새에 있는 것이 아니고, 그들의 가슴 속에 투영된 나의 강의 이미지였으리라 믿는다. 그러나 그간 흐른 세월이 오래인지라 지금쯤은 다 지워지고 흔적조차 없을 것이다.

이미지는 자기 판매요 경쟁력이다.

옷은 검소하게 입되 너무 누추하게 입어서는 안 된다 하였다. 의복이 날개라 하였듯이 옷매무새에 따라 그 사람이 좋게도 보이고 나쁘게도 보인다. 돈이 많아 늘 능라주단(綾羅綢緞)으로 차려입어도 나무랄 사람은 없다. 세상이 어찌나 좋아졌던지 옷매무새로 빈부귀천을 구별할 수가 없다. 모두가 다 잘들 차려입고 나오기 때문이다.

그러나저러나 옷은 어떻게 입느냐에 따라 그 사람의 이미지가 달라진다. 배우가 왕복 차림을 하면 왕으로 보이고, 걸인 차림을 하면 걸인으로 보인다. 등산을 할 때는 등산 차림을 해야 하고, 운동장에서 뛰는 자는 두루마기나 긴 치마를 입지 않는다. 옷이 주는 이미지가 큰 것이어서 상황에 따라 맞춰 입으면 보기에도 좋고 본인도 편하여 좋을 것이다.

잔소리가 많으면 노처가 제일 싫어하고 식구들 또한 싫어한다. 우리 집 손자놈들의 머릿속에 할아버지는 구두쇠요 수전노라고 각인이 되어 있는지 모르겠다. 잘하며 살고자 해도 잘 안 되는 것이 세상사인 것 같다.

늙으면 몸매가 추레한지라 옷차림마저 추레하면 더욱 추레하게 보인다. 할 수만 있으면 옷차림을 잘해야 하고, 언행에도 유의하여 살면, 노년의 품위를 유지하며 살 수 있을 것이다. 말을 할 때는 삼사일언(三思一言)하여 살면 좋고, 존경을 받고자 하면 먼저 겸손하라(欲尊先謙) 하였으니, 그렇게 살면 만인의 사랑과 존경을 받으며 살 것이다.

이미지는 자기가 만든 것이니, 어떻게 만들든 누가 상관하겠는가. 그러나 세상을 살아갈 때, 악에게 지지 말고 선으로 악을 이겨야 한다. 밤이 어둡다 하여 아무 일을 해야 한다고 생각해서는 안 된다. 칼을 쥐고 있다 하여 함부로 그 칼을 휘둘러서는 안 된다. 높은 자리에 있다 하여 그 행세를 해서는 안 되고, 무슨 일을 하든 천심(天心)을 거슬러 행하다간 패가망신의 불행을 겪는다.

이미지에 손상이 오면, 자기 판매는 끝나고, 경쟁력도 떨어져서 다른 사람과의 싸움에서 진다. 늘 근신(勤愼)하여 행하고, 허물이라 생각되면, 기탄없이 고쳐 행해야 한다. 세상이 아름다운 것은 자기 허물을 고치며 살기 때문이요, 허물 고치기를 피하지 않기 때문이다.(過則勿憚改) 그렇게 될 때 세상은 날로 밝아져서 살기 좋은 세상이 될 것이다.

제4부

당랑거철(螳螂拒轍)

당랑거철이란 제 자신의 힘을 돌아보지도 아니하고, 거대한 세력 앞에 대항하려고 하는 것을 말한다.

당랑거철이란 말은 버마재비(사마귀)가 수레바퀴(車轍)를 가로막는다는 뜻이다. 중국 제나라의 장공(莊公)이 수레를 타고 사냥을 나가는데, 웬 두 치쯤 되는 벌레 하나가 두 앞발을 쳐들고 수레바퀴를 막으려 했다. 장공은 수레를 멈추고 마부에게 물었다. "네 저게 무슨 벌레냐?" "그것은 당랑이라는 벌레입니다. 그 벌레는 성질이 앞으로 나아갈 줄만 알고, 뒤로 물러갈 줄을 모르며, 제힘을 헤아리지 않고 아무에게나 덤벼드는 벌레입니다."

"그거 참 천하의 용사로구나. 아서라 우리가 피할 수밖에 없다."
하고 장공은 수레를 돌려 피해서 갔다고 한다.

당랑지부(螳螂之斧)라고도 한다. 손가락으로 하늘을 치거나 계란으로 바위치기를 하는 격이지만, 자기 힘을 한번 돌아보고 처신하기를 바란다 하여서 하는 말이니, 꼭 그렇게 하며 살기를 바란다.

이 세상은 참 아름답고 살기 좋은 곳

아들 며느리가 이번에는 도라지즙을 보내왔다. 겨울철 감기에 좋다며 보내왔다. 노인들에겐 겨울철 감기보다 무서운 것이 없으니, 감기에 걸리지 말라며 보내온 것 같다.

부모는 자식들이 생각해주는 덕에 살고, 자식들 또한 그렇게 하며 산다. 세상이 살기 좋은 것은 서로를 위하여 살기 때문이다. 사람에게는 정(情)이라는 것이 있어서, 세상이 더욱 아름답고 살기 좋은 곳이 되게 한다.

천지의 기운은 따뜻한 데서 찬 곳으로 흐르고, 찬 곳은 그 따뜻한 것을 받아 따뜻해진다. 나의 따뜻한 정으로 그놈들을 낳아 기르고, 그놈들 또한 나의 따뜻한 것을 받아 따뜻해진다. 그들 또한 그들의 따뜻한 것을 내려보내 그들의 후대들이 따뜻한 마음으로 살아가게 한다.

성질이 모질고 차가운 사람들은 받는 것도 박(薄)해서 누리는 것도 적다. 마음이 따뜻한 사람들은 한없이 주고도 더 주려하고, 아무것을 받지 않고서도 만족해하며 산다.

이 세상에 제일 가까운 사람은 남편과 아내이다. 둘이 정들여 살다가 거의 비슷하게 죽으면 이보다 더 큰 행복이 없다. 한쪽이 먼저 가면 외로움이 크고, 이 외로움을 이기지 못하면, 시름시름 앓다가 간다.

정이란 흐르는 것이요 쇠줄보다 더 강한 것이다. 양쪽의 정이 이어지면 한 몸이 되어 살지만, 살다가 정이 끊어지면 영원한 별리(別離)에 든다. 100년 해로(偕老)의 기쁨을 누리며 살기가 쉬운 일은 아니지만, 100년 동안 해로동락(偕老同樂)을 누리며 사는 기쁨은 이 세상의 어떤 기쁨보다도 큰 것이다.

정은 사람에게만 있는 것이 아니고, 동물에게도 있다. 아들이 엄마가 그리우면, 하늘을 바라보며 떠가는 구름에 그 정을 실어 보낸다. 이런 정을 망운지정(望雲之情)이라 하고, 어미 소가 새끼를 낳으면 새끼의 몸에 묻은 불순물을 핥아주며 정을 잇는다. 이런 정을 지독지정(舐犢之情)이라고 한다. 사람이나 짐승이나 지극한 정이 있어서 새끼를 낳아 기르고, 많은 어려움을 극복하며, 가정을 이루어 서로 사랑하고 화합하며 산다.

정이 있어서 세상은 아름답고 서로 도우며 산다. 정이 있어 주고받는 말이 아름답고, 다정한 인사 한마디에 기쁨이 오고 간다. 어쩌다 시내버스를 타보면 젊은 사람들이 불끈 일어나 자리를 양보하고, 엘리베이터를 타보면 어떻게 알았는지 내가 내릴 층의 버튼을 눌러주고, 내릴 때가 되면, 안녕히 가시라고 인사를 한다.

언젠가의 일이다. 버스비를 내려고 주머니를 더듬으니 10,000원짜리 밖에 없었다. 기사 양반에게 사정을 이야기했더니 다음 정거장에서 내리라고 화를 냈다. 그러자 승객 중에서 한 분이 앞으로 뛰어나오며, 자기가 내어주겠다고 하여 고경(苦境)을 면

했다. 하도 고마워서 다른 사람에게 주려고 가지고 가던 내 책을 그분에게 주며 감사의 표시를 했다. 승객들 중에서 서로 얼굴이나 쳐다보라고 해서 그분의 얼굴을 쳐다보니 60세 정도의 차림새가 중후한 신사였다.

세상은 참 아름답고 살기 좋은 곳이다.

가까운 친척이 떨어져 살면 이웃만도 못하다.(近親而不如相隣) 우리 집에 불이라도 나면 이웃이 먼저 와서 도와주기 때문이다. 이웃사촌이라 하였듯이, 이웃도 잘 맞추어 살면 사촌보다 더 가까운 사이가 된다. 우리의 모든 이웃이 사촌이 되어 살 때, 이웃은 우리와 가까운 사이가 되고, 그것이 온 세상으로 번지면, 이 세상은 살기 좋은 아름다운 곳이 된다.

서로 돕고 의지하며 살고, 내 것 지상주의(至上主義)에 빠지지 않고 남을 헐뜯지 않고, 남의 명예를 존중하며 살면(舍己從人) 세상은 참 살기 좋은 평화의 낙토(樂土)가 된다.

마음이 흐뭇하면 행복하다고 한다. 아무리 큰일을 이루었다 해도 마음이 흐뭇하지 못하면, 행복한 것이 아니다. 작은 일을 이루었다 해도 마음이 흐뭇하면 그것 또한 행복한 것이다.

근심 없이 사는 사람은 없고, 힘들지 않게 사는 사람은 없다. 힘들다 하여 빚을 얻으면 근심을 얻는 것이니, 검소하게 살고, 아껴서 사는 데에서 기쁨을 찾아야 한다.

남녀의 결합이 아름답고 화려하게 보여도, 사랑은 격정(激情)이요, 싸움이요, 고통의 연속이다. 뜨거운 격정과 수많은 싸움과 고통의 과정을 겪지 않으면 아름다운 사랑의 화원(花園)에 이르지 못한다.

살기 좋은 세상은 그냥 오는 것이 아니요, 장미의 화로(花路)가 그냥 오는 것이 아니다. 단애(斷崖) 위의 고객(孤客)이 마시는 슬픔과 고통의 잔을 수없이 마셔야 찾아온다. 아름다운 세상은 수없이 많은 환란(患亂)과 질고(疾苦)의 밤을 거쳐서 온다.

행복한 순간은 짧지만, 추억은 길다는 말이 있다. 화려한 외모는 얼른 보기에는 좋은 것 같아도 시간이 지나면 곧 허물어진다. 내면의 아름다움은 얻기는 어렵지만, 언젠가는 새어 나와 세상을 아름답게 변화시킨다. 아름다운 세상은 말하기는 쉽지만 얻기는 참 어렵다. 절기상으로 지금은 봄이다. 춥지 않으니 좋고, 덥지 않으니 좋다. 도처에 꽃들이 만발하니 글자 그대로 화란춘성(花爛春城) 만화방창(萬化方暢)이다. 봉접(蜂蝶)이 날아들고 온갖 새들이 봄을 노래한다. 참 아름다운 계절이요 살기 좋은 계절이다. 한창 무르익는 이 봄을 노래하고 춤추며 살자.

4계절의 변화가 있어서 좋다. 겨울에는 눈이 내리고 가을에는 홍과(紅果)들이 주렁주렁 열리고, 오곡을 거두어 배불리 먹고 사니 좋다. 좋은 옷 입고, 좋은 신을 신고, 차를 타고, 배를 타고, 비행기도 타고 세상 끝까지 안 가본 데가 없다.

세상 모든 일은 마음 가지기에 달렸다.(The world is as you take it.) 네 마음을 밝게 가지면 미운 것도 곱게 보이고, 힘든 일도 쉬어지고, 초가누옥(草家陋屋)도 안온한 천국이 되고, 삼베옷도 능라주단(綾羅綢緞)의 아름다운 옷이 된다.

세상은 아름다운 한 권의 책이다. 그 책을 즐겁게 읽는 자는 아름다운 보옥(寶玉)을 얻지만, 그렇지 않은 자에게는 모든 것이 지루하고 아무 쓸모없는 것으로 보인다.

이 세상은 우리 가족과 이웃과 세상 모든 사람이 사는 곳이다. 서로 사랑하고 즐거운 이야기를 하며 사는 곳이다. 우리의 후손들이 사는 곳이고, 이 세상의 억조창생(億兆蒼生)들이 대를 이어 영원무궁 살아야 할 곳이다. 총알이나 대포알이 얼씬거려서는 안 되고, 영원히 지속될 아름답고 평화로운 곳이 되어야 한다.

코로나 바이러스가 이 세상을 휘젓고 돌아다닌다. 이 환란기(患亂期)에 인내하라. 인내로써 싸워 이기자. 인내는 불완전한 우리를 온전케 하나니, 우리가 온전할 때까지 인내하자. 세상을 향해 우리 모두 축복의 기도를 드리자.

자연이 품으로 녹아들면

이효석이라는 소설가가 있었다. '메밀꽃 필 무렵'이라는 작품이 그의 대표적인 작품이다. 그 작품에 나타난 글의 일부를 여기에 소개한다. 자연이 품으로 녹아들지 않고서는 이런 글을 쓸 수가 없다.

"이지러는 졌으나 보름을 갓지난 달은 부드러운 빛을 흐붓이 흘리고 있다.… 콩포기와 옥수수 잎새가 한 층 달에 푸르게 젖었다. 산허리는 온통 메밀밭이어서 피기 시작한 꽃이 소금을 뿌린 듯이 흐뭇한 달빛에 숨이 막힐 지경이다. 붉은 대경에 향기같이 애잔하고 나귀들의 걸음도 시원하다."

이효석 씨는 1907년부터 1942년까지 35년을 살다 간 소설가다. 경성제대에서 영문학을 전공한 사람으로, 시와 단편으로 문단에 데뷔하여 많은 작품을 남겼다.

한밤중을 지난 지라 밤은 고요하고 부드러운 달빛은 흐붓이 흘러내린다. 콩 포기와 옥수수 잎새의 푸른색에 소금을 뿌린 듯 하얀 메밀꽃이 달빛에 젖어 색조의 조화가 어찌나 아름답던지 숨이 막힐 지경이다. 붉은 메밀의 대경(줄기)은 향기같이 애잔(약하고)하고, 메밀밭을 거니는 나귀의 걸음걸이는 자연에 도취

된 듯 그 걸음이 경쾌하다. 자연이 품 안으로 녹아들지 않고서는 이런 글귀를 빼낼 수가 없다. 조용한 가운데 움직임이 있고, 움직임 가운데 조용함이 조화를 이루어 정중동(靜中動)의 미학(美學)이 여기에 있다. 달빛과 여러 색이 얽혀 그 조화가 현란하고, 그 자연의 분위기에 녹아들었다. 또 그 작품에서 하룻밤 풋사랑에 빠졌던 늙은 장돌뱅이 허 생원이, 그 사이에서 난 아들의 등에 업혀 개울을 건너는 모습 또한 자연의 품 안에 녹아든 인간사(人間事)의 한 장면이다.

언젠가 강원도의 최북단 항구인 화진포에서 1박하고, 다음 날 정선까지 내려와 그곳에서 하룻밤을 잔적이 있다. 밤늦게 도착한 지라 흐붓이 흘러내리는 고요한 달빛 하의 메밀꽃 구경은 하지 못하고, 피곤했던지라 그냥 잠자리에 들었다. 소금을 뿌린 듯한 메밀꽃의 그 화사한 모습을 머릿속에 그리며, 그다음 날 정선을 떠나야 했다. 아침 일찍이 정선시장에 들러, 장돌뱅이 허 생원이 한 처녀를 만나 풋사랑에 빠졌던 그 모습이 눈앞에 아른거렸지만 무심한 채 그곳을 뒤로했다.

봄이 오니 산과 들에는 벚꽃의 만개(滿開)가 한창이다. 두꺼운 옷들을 벗어 던지고, 화사한 춘장(春裝)으로 갈아입었다. 겨우내 걸쳤던 마스크도 벗어 던지고, 손에 끼고 다녔던 장갑도 다 벗어 던졌다. 이것들이 없으면 죽을 것 같았지만, 이제는 필요 없는 것이 되었다. 자연의 변화에 우리의 마음이 녹아들고 있었다.

모두가 절로 절로다, 물도 절로 녹아 소리쳐 흐르고, 잎새들도 절로 돋아나 가지에 무성하고, 새들도 절로 돌아와 노래하고 춤을 춘다. 강남의 제비들도 어느새 돌아와 처마 밑에 집을 짓고, 농부들은 밭을 갈고 씨를 뿌려 가을 채비를 한다.

겨울의 추위에 눌려 살던 장끼들도 저절로 울음을 터뜨려 봄을 노래한다. 글자 그대로 춘치자명(春雉自鳴)이다.

봄이 오면 봄 따라 살고, 여름이 오면 여름 따라 산다. 가을이 오면 나뭇잎은 붉고 겨울이 오면 눈이 내린다. 바람이 불면 구름이 흐르고, 천둥 번개가 치면 세찬 비가 내린다. 세월이 가면 사람의 머리는 하얗고(歲去人頭白), 그렇게 살다가 때가 되면 간다. 이 대세를 거스를 자는 없고, 거슬려 살다간 생명을 잃는다.

내가 이렇게 글을 쓰는 것은 누가 쓰라고 해서 쓰는 것이 아니고, 내가 쓰고자 해서 쓰는 글이다. 봄이 품 안에 녹아들면, 봄을 노래하고, 가을이 오면 가을을 노래한다. 실솔(蟋蟀)들도 가을이 오면 저절로 울고, 붉은 잠자리들도 꽁지를 차며 하늘을 난다. 가을이 오면 청초(淸楚)한 코스모스가 가을바람에 하늘거리고, 겨울이 오면 바람이 차고 동물들은 긴 동면에 든다.

봄은 예쁜 꽃잎으로 곱게 치장한 여인이다. 봄은 취기의 계절이요, 광기의 계절이다. 이 취기와 광기를 잡지 못하면 춘광에 취해 도연(陶然)히 어디론가 간다. 방안에만 갇혀있지 못하게 사람들을 밖으로 불러내는 계절이다. 볼록볼록 젖꼭지 같은 꽃봉오리들이 금시 터질 듯이 올라온다. 생명의 경이와 신비감을 느낀다. 모두가 절로절로요, 만화(萬花)들이 방창(方暢)하면 온 산야는 꽃 천지가 된다.

자연이 품 안으로 녹아들면 모두가 일어나 자연을 노래하고 춤을 춘다. 이 청흥(淸興)의 계절을 맘껏 즐기며 노래하고 춤추며 살고 싶다.

세월유정(歲月有情)

세월아 너는 있는 것이냐고 물어도 아무 대답이 없고, 없느냐고 물어도 묵묵부답이다. 해가 뜨면 낮이 되고, 달이 뜨면 밤이 된다. 낮과 밤이 교차하여 흐르는 것을 시간이라 하고, 시간이 흐르는 것을 세월이라고 한다. 빛과 그늘을 광음이라고 하고, 광음이 교차하여 흐르면 하루가 되고, 하루가 계속하여 흐르면 한 달이 되고, 1년이 되고, 100년이 되고, 수천 년, 수만 년, 그리고 영겁(永劫)이 된다. 흘러간 세월도 영겁이지만, 앞으로 다가올 세월도 영겁이다. 우리는 앞뒤 영겁의 한가운데에서 조금 살다가 간다.

세월은 없는 것 같으면서도 있고, 있는 것 같으면서도 없다. 세월이 어떻게 생겼느냐고 물으면 답할 사람이 없고, 세월이 없느냐고 물으면 있다고들 한다. 세월은 나그네처럼 흐른다 하여 과객(過客)이라고도 하고, 잠시 흐르다 마는 과객이 아니라 백대(百代)를 흐른다 하여 백대지과객(百代之過客)이라고 한다. 1대를 30년이라고 하면 100대는 3000년이 된다. 세월이 3000년만 흐르고 마는 것이 아니지만, 100대를 영원(온)으로 유추 계산하여 말하기도 한다. 광음(光陰)이 곧 세월이라고 하니 광음백대지

과객(光陰百代之過客)이라고 표현하기도 한다.

세월의 흐름이 물처럼 흐른다 하여 광음여류(光陰如流)라는 말로도 표현한다. 세월이 목덜미라도 있으면, 그놈의 목덜미를 휘어잡고 통사정을 해봄직도 하지만, 무정할사 그놈은 마구 흐르기만 한다. 뒤도 돌아보지 않고 흐르기만 하니, 천년도 수유(須臾)이고 유구(悠久)한 영겁으로 달음질쳐 달아난다.

세월이 가면 사람의 머리는 하얗고(歲去人頭白), 가을이 오면 나무 잎사귀는 붉는다.(秋來樹葉紅)

언제 하애졌는지는 모르지만, 나도 모르는 사이에 하애졌고, 가을이 오는 것도 나도 모르게 와서 나무 잎사귀를 붉게 물들여 놓는다. 세월은 내가 지금 글을 쓰고 있는 사이에도 흐르고, 잠을 자고 있는 사이에도 흐른다. 그 흐름이 불철주야(不撤晝夜)이고, 바람 따라 구름이 흐르듯 세월 따라 사람이 흐른다. 엊그제까지도 성성하던 몸이 어느새 늙어 머리는 하얗고, 몸은 구부정하여 꼿꼿한 데라고는 없다.

아무리 세월은 흘러도 꽃은 같은 꽃으로 피지만, 사람은 같은 사람이 아니더라,(年年歲歲花相似 歲歲年年人不同) 만사여일(萬事如一)하지만, 사람만 변하는 것 같다. 수백 세, 수천 세를 살라 한들 싫어할 사람이 없겠지만, 고작 산다는 게 100년 정도를 살다가 가니 인세(人世)의 무상함에 어찌할 도리가 없다. 인세가 유상(有常)하여 만세 무궁 살다 가면 좋으련만, 원래 주어지기를 그렇게 주어지지 않았으니 어찌할 도리가 없다.

세월은 만물의 파괴자다. 세월 속에 파괴되지 않는 것이 없다. 돌과 바위도 부서지고, 쇠붙이도 녹슬어 부서진다. 정정하던 수

백 년 수(樹)도 고목이 되어 무너지고, 천년사직(千年社稷)도 남가일몽(南柯一夢)이 되지 않던가.

시나 한 수 읊고 가자, 세월 타령을 아무리 해도 소용이 없고, 세월 속에 살면서 세월과 화친하여 삶이 어떨까 한다.

> 녹양춘삼월(綠楊春三月)에 잡아 매어 둘 것이면
> 센 머리 뽑아내어 찬찬 동여 두련마는
> 올해도 그리 못하고 그저 놓아 보내거다.
>
> (金三賢/青丘永言)

세월 따라 이 세상에 왔고, 세월 속에 정들여 살다가 간다. 나의 세월이 다하면 버둥대도 소용없다. 그저 다소곳이 날개를 접고, 가는 길 따로 있으니 그 길 따라 가야 한다.

무한광음 속에 100년을 산다 해도 여조과목(如鳥過目, 지나는 새가 눈앞을 휙 지나가는 것 같은 짧은 순간)이고, 두 개의 돌이 부딪힐 때 나는 불빛처럼 빠른 화석광양(火石光陽)이 아니런가.

아무리 짧다고 해도 아깝다고 여기면(光陰可惜) 알찬 시간이 되고, 빈둥거리며 놀기를 일삼으면, 그 아까운 세월도 다 잃은 것이 된다. 세월은 얻기는 어렵고 잃기는 쉽다고 하였은즉, 힘써 일하며 살면 세월을 얻어 사는 것이 되지만, 한거(閑居)에 길이 들어 살면 다 잃는 것이 된다.

엄한 서리가 내려야 나무의 곧음을 안다 하였다.(嚴霜識貞木) 엄한 서리에 짓눌려 시드는 연약한 나무가 아니고, 새찬 풍상(風霜)에도 굽히지 않고, 큰 장목(長木)으로 자라나서, 아름다운 꽃과 풍성한 과일을 거둘 수 있기를 바란다.

세월에 끌려가지 말고, 세월을 휘어잡아 살면, 세월은 나를 아름답고 빛나는 사람이 되게 할 것인즉, 세월유정 만세 만만세!

부혜(父兮) 날 낳으시고(1)

겉으로만 번지르르하게 하는척하되 속에는 온갖 추악한 것이 차 있으면, 이런 사람들을 외식(外飾)하는 자들이라고 한다. '고르반'이라는 말이 있다. 누가복음 7장 11절에 나오는 말이다. 성경 공부를 많이 한 사람도 무슨 뜻인지 이해하지 못하고 넘어가기가 쉬운 말이다.

고르반이라는 말은 하나님께 드리는 '헌물'이라는 뜻이다. 완악(頑惡)한 유대인들은 이 말을 악용해 부모 공양의 의무를 소홀히 했다. 부모가 아무리 경제적으로 어려운 처지에 놓여있다 해도, "내 재산은 고르반입니다."라고 말해 버리면, 그것으로 모든 것이 끝나버린다. 하나님을 빙자하여 부모공양의 거룩한 소임을 저버리는 일이 많았다. 물질이면 눈이 뒤집히는 세상인지라 부모가 죽어가도 소용이 없고, 내 배만 부르면 되는 세상이 되었다.

"너희들 집에 노인이 없거들랑 이웃집에서 빌려서라도 모셔라. 노인을 모시는 일보다 더 축복받을 일은 없느니라."(탈무드) 부모 모시기가 힘들다 보니, 부모 모시기를 싫어하고, 그러다 보니 부모가 자식들로부터 밀려나는 세상이 되었다. 어떤 사람은 부모의 처지를 비에 젖은 낙엽에 비유했다. 마른 낙엽은 비로 쓸면 잘 쓸어지지만, 비에 젖은 낙엽은 잘 쓸어지지 않는다. 쓸어내려고 하는 힘과 쓸리지 않으려는 힘 사이에 심한 힘겨루기가 일어난다.

경전에 일렀으되 “네 부모를 공경하라. 또 아비나 어미를 훼방하는 자는 반드시 죽으리라.” 하였다. 사람들이 입술로는 부모를 공경하는 체하지만, 마음은 그 일에서 머니, 겉과 속이 다르게 부모를 모신다. 부모를 잘 모시지 못한 자 중에 잘 된 자는 이 세상에 한 사람도 없다. 부모를 훼방하는 자는 반드시 죽으리라는 경전의 말씀을 소홀히 할 일이 결코 아니다. 언젠가 내가 부모가 되었을 때 땅을 치며 울 날이 올 것이다.

경전에 있는 글귀가 너무 좋아 내 이를 여기에 또 인용한다. “자녀들아 너희 부모를 주 안에서 순종하라. 이것이 옳으니라. 네 아버지와 어머니를 공경하라. 이것이 약속 있는 첫 계명이니, 이는 네가 잘되고 땅에서 장수하리라. 또 아비들아 너희 자녀를 노엽게 하지 말고 오직 주의 교양과 훈계로 양육하라.”(에베소서 6:1~3)

네가 이 땅에서 잘 되고 네 후손들이 영원히 잘 되기를 바라거든 부모에게 잘해야 한다. 우리는 언젠가는 다 뿌리가 된다. 뿌리가 튼튼하면 가지가 튼튼하고, 뿌리가 깊으면 잎사귀가 무성하다(深根枝榮). 부모에게 잘한 자 중에 잘못된 자는 한 사람도 없다.

글 읽느라 좀 지루해졌을 터인 즉 시 한 수가 없을 수가 없다.

아버님 날 낳으시고 어머님 날 기르시니
두 분 곧 아니면 이 몸이 사랴사랴
하늘 같은 은덕을 어디 다혀 갚사올꼬

(金壽長)

옛날 글귀에서는 아버님이 날 낳으시고(父生我身), 어머니가 나를 기르신다(母鞠吾身)고 하고, 젖으로 나를 배불리 먹이시고(乳以哺我), 옷으로 나를 다숩게 입히시느라(以衣溫我) 라고 하였다.

위 글자대로라면 아버님은 낳기만 하고, 어머님이 기르시는 것으로 나오지만, 양위분이 다 같이 힘을 써서 낳아서 길러낸다. 두 분의 은덕이 하늘보다 높아 갚을 길이 없다 하였으니(昊天罔極), 그 은덕을 알고 살면 큰 복을 받아 살 것이 확실하다.

내 나이도 많아 머리는 이미 학발이 된 지 오래고, 기력은 날로 쇠진하여 세상을 하직할 날도 불원(不遠)이다. 자식놈들에게 사사건건 의존하며 살다간 천덕꾸러기가 될 게 뻔한지라, 그간 벌어 놓은 것을 아껴 쓰며 이렇게라도 사니, 마음이 편하여 좋다.

내 그간 받은 부모님의 은혜가 커서(劬勞之恩), 높은 공부해서 평생을 교육 성업에 종사하며 살았고, 그 여력으로 말년에 밥 걱정을 하지 않고 사니, 이보다 더 큰 축복이 없다. 자식, 손자, 손녀, 며느리까지 합치면 기라성처럼 많지만, 다 의식에 궁하지 않고 서로 사랑하며 잘들 살아가니, 이보다 더한 축복이 없다.

부모 된 사람은 자식의 잘못을 모르고 살만큼(莫知其子之惡) 자식을 사랑한다 하였으니, 그렇지 않게 산 부모는 없을 것이다. 자식을 길러봐야 부모 노릇이 얼마나 어렵고 힘든 일인가를 알게 된다.(養子息知親力) 부모님 살아계실 때 도리를 다함이 마땅한데도, 어느새 세월이 흘러 부모님은 이 세상에 안 계신다. 후회막급을 느끼지만 지나간 후에 서러워한들 무슨 소용이 있겠는가. 백골이 마분(磨粉) 되더라도 차생(此生)에 갚사옴이 도리이지만, 그러지 못하는 것이 이 일인가 한다. 선한 부모 밑에 선한 아들이 난다 하였으니, 명심하여 살면, 그 뜻이 후대로 이어져서 빛나는 가통(家統)을 이어가리라 믿는다.(深根達枝)

부혜(父兮) 날 낳으시고(2)

무엇이든 그 상태를 영원히 유지하는 것은 없다. 선산의 묘도 사철의 변화를 이기지 못해 자꾸 허물어진다. 건기가 계속되면 떼들은 말라서 죽고, 장마가 오래 계속되면 묘가 허물어져 보기가 흉하다. 그대로 놔두면 주인 없는 묘처럼 보여져서 세인의 빈축을 산다. 이번에 단단한 것으로 개수(改修)를 하고 나니 마음이 편하고, 조상님들에 대한 도리를 다한 것 같아 기분이 좋다.

전 묘지에 잡초가 무성하면 제초기를 돌려 제거하고, 시간이 지나 묘봉에 장대풀이 나면, 맨손으로라도 뽑아내어 보기 흉한 것을 면한다. 손바닥이 따갑기는 해도 머리를 조발한 듯 깨끗해 보이니 좋다.

부모님이 돌아가시면 지금은 당일 탈복을 해서 부모님과의 영원한 별리(別離)를 한다. 아주 오래전에는 삼년상으로 탈복을 했다. 묘역에 움막을 치고 산짐승의 훼손을 막았다. 그렇게 하기를 3년이나 계속했으니 그 깊은 충정(衷情)은 하늘이 감천(感天)할 일이었다.

정약용 선생이 부친의 초상을 아뢰었더니, 그때 정조 임금께서 나랏일이야 내가 알아서 할 터이니 서둘러 내려가 부친의 초상을 치르고 오라고 했다. 국사의 엄중함에도 부친의 초상을 우선하여 치르게 했다. 부모 모심을 으뜸으로 삼아 시정(施政)의 중심에 두었다.

옛말에 양자식 지친력(養子息知親力)이라는 말이 있다. 자식을 길러봐야 부모의 깊은 뜻을 안다는 뜻이다.

어버이 살아실 제 섬길 일란 다 하여라
지나간 후면 애닯다 어이하리
평생에 고쳐 못할 일이 이뿐인가 하노라

(鄭澈)

가족 관계는 정으로 결합된 관계다. 정 없이는 한 시도 살 수 없는 관계다. 가족이 아름다운 것은 그들이 서로 사랑하며 살기 때문이다. 사랑하지 않고 산다면 가정처럼 살기가 불편한 곳도 없을 것이다.

인비조상 무종지생(人非祖上 無從之生)이라는 말이 있다. 조상이 없으면 내가 어떻게 있을 수 있겠느냐는 뜻이다. 우리 모두는 언젠가는 뿌리가 되지만, 우리가 튼튼한 뿌리가 될 때, 우리의 후손 또한 튼튼한 뿌리가 된다. 나는 어정쩡하게 살면서 너희는 잘해야 한다고 극구(極口) 외쳐봤자 아무 소용이 없다. 효도하는 부모 밑에 효도하는 아들이 나온다 함이 결코 허사(虛辭)가 아니다. 부모를 잘 모신 자들 중에 잘못된 자는 아무도 없다. 부모는 자기 자식의 잘못을 모를 만큼 지극한 사랑으로 키우니, 그 사랑의 깊음을 알 수 있다.(莫知其子之惡)

조상의 묘가 상하면 손질하여 보기 좋게 하고, 정성껏 만든 음식으로 차례를 지냄이 결코 무위(無爲)하고 부질없는 일이 아니다. 후손으로서의 도리를 다함이 가족사랑으로 이어질 때 가화만사성(家和萬事成)의 대의(大義)가 이루어진다. 정성을 다하여 조상을 숭배하는 자만이 복을 받아 살 것이다.

부모가 온 효자가 되어야 자식이 반 효자가 된다 하였거니와 부모가 부모 된 도리를 다하면, 자식들 또한 부모 모시기에 힘을 쏟게 될 것이다. 마음으로 정성을 다해 구하면(心誠求之), 비록 중심에는 이르지 못한다 하더라도(雖不中), 그 중심에서 멀어지지 않는다.(不遠矣)

> 두 분 곳 아니면 이 몸이 사라시랴
> 하늘 같은 은덕을 어디 다혀 갚사오리.
> 부혜(父兮) 날 낳으시고 어머님 날 기르시니 은혜
> 　밖에 은혜로다.
> 모혜 날 기르시니 덕 밖에 덕이로다.
> 아마도 하늘같은 이 은덕을 어데 다혀 갚사오리.

끝으로 신약성경 에베소서 6장에 나와 있는 글귀를 인용하며 이 장을 마칠까 한다. 다음 글귀를 또 인용하니 명심하여 살기 바란다.

> "자식들아 네 부모를 주 안에서 순종하라. 이것이 옳으니라. 네 아버지와 어머니를 공경하라. 이것이 약속 있는

첫 계명이니 이는 네가 잘 되고 땅에서 장수하리라. 또 아비들아 너희 자녀를 노엽게 하지 말고 오직 주의 교양과 훈계로 양육하라."

2회에 걸쳐 제하(題下)의 글을 쓰고 나니 마음이 한결 가벼워진 것을 느낀다. 살아생전에 잘하지 못한 것이 늘 죄스럽게 느껴졌지만, 늦게나마 뉘우침이 큰지라, 우리 모두 잘하자 하여 쓴 것이니, 강호 제현 여러분! 부자유친(父子有親)의 관계를 잘 유지하고, 가화만사성의 대도를 확립하기를 간절히 기원하면서 이만 줄인다.

구밀복검(口蜜腹劍)

구밀복검이란 입속에는 꿀을 담고, 뱃속에는 칼을 품고 있다는 뜻이다. 겉으로는 친절한 체 하면서도 속으로는 해칠 생각을 하는 것을 말한다. 이것이 인간의 이중성이다. 나를 비롯하여 거의 모든 사람이 이런 감정을 가지고 살아간다. 극도의 자제력을 발휘하여 친절한 체 하지만 세상을 살아가기 위한 생존전략의 하나로 여겨진다.

이 세상에서 가장 가까운 사람은 아내다. 아무리 조심하여 산다 해도 아주 적은 일로 싸울 때가 더러 있다. 그날 일어난 일은 그날 풀라고 하지만 그렇게 되지 않는다. 해지기 전에 풀고 잠자리에 들라고 하지만 잘 되지 않는다. 등을 돌리고 자면, 그 밤이 괴롭고 추운 밤이 된다. 한번 얽히면 풀기가 어렵다. 며칠이 걸리고, 열흘, 이십일, 한 달이 걸리기도 하고 영원히 풀지 못하면 별리(別離)의 비극이 온다.

서로 얽히면 마음이 불편하고, 그 불편함이 오래 계속되면 마음이 상하고, 마음이 상하면 몸도 상한다. 그래서 옛말에, 슬퍼하되 마음이 상하지 않게 하라(哀而不傷) 하였다.

소중유검(笑中有劍)이라는 말이 있다. 웃음 가운데 칼이 있다는 뜻이니, 겉으로는 친절한 체 하면서도 속으로는 칼을 품고 사는 경우가 많다. 형제간과도 얽히고 이웃이나 친구들과도 얽힌다. 겉다르고 속이 다르면 표리(表裏)가 부동한다고 한다. 겉과 속이 다르지 않게 살라 하지만 이 일처럼 어려운 일도 없다.

성경에 있는 구절을 몇 개 인용하려고 한다.(누가복음 11:38~42) 경전 글귀보다 더 좋은 글귀가 없다. 틈만 나면 들추어 올려 읽음이 좋다.

예수님의 제자들이 식사 전에 손을 씻지 않은 것을 보고 바리새인들이 이상히 여기자, 예수님이 이르기를 "잔과 대접의 겉은 깨끗하나 너희 속은 탐욕과 악독이 가득하도다. 오직 그 안에 있는 것으로 구제하라, 그리하면 모든 것이 너희에게 깨끗하리라." 하였다.

겉만을 깨끗이 씻는 것이 중요한 것이 아니고 겉과 속이 다 깨끗해야 한다. "이것도 행하고 저것도 버리지 아니하여야 할지니라." 하였다. "화있을진저 너희 바리새인들이여 너희가 회당의 높은 자리와 시장에서 문안받는 것을 기뻐하는도다."

"나무도 좋고 실과도 좋다고 해야 하고, 나무도 좋지 않고 실과도 좋지 않다고 해야 한다. 그 실과로 그 나무를 아느니라." 하였다. 겉도 좋고 속도 좋아야 하고 겉과 속이 다 좋을 때 좋은 실과를 얻게 된다. 겉과 속 어느 한 쪽만이 좋은 것으로는 좋은 실과를 얻을 수가 없다.

겉만이 아름답게 도장(塗裝)해서는 안된다. 겉도 아름답고 속도 아름다워야 한다. 여우가 호랑이의 털로 가장하여 호랑이의 위세를 부리는 것을 호가호위(狐假虎威)라고 한다. 그러나 그런 위장이 얼마나 오래 갈 지는 의문이다. 곧 들통이 난다.

"감추는 것이 드러나지 않는 것이 없고, 숨은 것이 알려지지 않는 것이 없느니라." 하였다.(마태복음 10:26)

겉과 속이 다른 것은 아무리 잘 감춘다 해도, 언젠가는 드러나 세상에 알려진다. 진실치 못한 것은 잠시는 득세하여 힘을 낼지 몰라도, 언젠가는 드러나 세상에 알려진다. 진실치 못한 것은 오래 가지도 못하고 결코 승리하지도 못한다.

죄를 지은 한 여인이 향유를 담은 옥합을 가지고 나타나 예수의 뒤로 가서 그 발 곁에서 울며 눈물로 그 발을 적시고 자기 머리털로 씻고, 그 발에 입 맞추고 향유를 부었더라. "너는 내게 발 씻을 물도 주지 아니하였으되 그는 내가 들어올 때로부터 내 발에 입맞추기를 그치지 아니하였으며 너는 내 머리에 감람유도 붓지 아니하였으되 그는 향유를 내 발에 부었느니라 이러므로 내가 네게 말하노니 그의 많은 죄가 사하여졌도다 이는 그의 사랑함이 많음이라 사함을 받은 일이 적은 자는 적게 사랑하느니라 이에 여자에게 이르시되 네 죄 사함을 받았느니라 예수께서 여자에게 이르시되 네 믿음이 너를 구원하였으니 평안히 가라 하시니라."(누가복음 7:44~50)

이 여인이 죄를 지었으되 뉘우침이 진실했고 겉과 속이 같았던지라 죄의 사함을 받았다. 사랑함이 적은 자는 적게 사랑을 받고 사랑함이 큰 자는 크게 사랑을 받는다. 이 여인이 죄사함을 받은 것은 사랑함이 컸기 때문이요, 이런 진실함이면 그 어떤 큰 죄도 사함을 받으리라 믿는다.

"네 말로 의롭다 함을 받고 네 말로 정죄함을 받으리라."(마태복음12:37) 네 말로 정죄받는다 하였으니, 속에 감추어진 추한 생각으로가 아니요, 진실로 행하는 말과 행위로 정죄받아야 한다. "지혜는 행한 일로 옳다 함을 얻으리라."(마태복음 11:19) 선한 사람은 그 쌓은 선에서 선한 것을 내고, 악한 사람은 그 쌓은 악에서 악한 것을 내느니라.

겉으로는 친절한 체 하면서도 마음으로는 남을 해칠 생각을 해서는 안된다.(笑中有劍)

백 년도 못 살면서(生年不滿百)
천 년의 근심을 한다(常懷千歲憂)

다음의 글은 신약전서(마태복음 6장)에 나오는 글이다. 글이 어찌나 좋든지 무료(無聊)할 때면 가끔 들추어 올려 읽어본다. 얼른 보기엔 허문(虛文)처럼 느껴질지 모르지만 읽을수록 마음에 큰 위안과 평안을 준다. 이 힘든 세상에 잠시 쉬어가는 셈 치고 한 번 읽어보기 바란다.

"그러므로 내가 너희에게 이르노니 무엇을 먹을까 무엇을 마실까 몸을 위하여 무엇을 입을까 염려하지 말라. 목숨이 음식보다 중하지 아니하며 몸이 의복보다 중하지 아니하냐. 공중의 새를 보라. 심지도 않고 거두지도 않고 창고에 모아들이지도 아니하되 너의 천부께서 기르시나니 너희는 이것들보다 귀하지 아니하냐.

너희 중에 누가 염려함으로 그 키를 한 자나 더할 수 있느냐. 또 너희가 어찌 의복을 위하여 염려하느냐. 들의 백합화가 어떻게 자라는가 생각하여 보라. 수고도 아니하고 길쌈도 아니하느니라. 그러나 내가 너희에게 말하노니 솔로몬의 모든 영광으로도 입은 것이 이 꽃 하나만 같지 못하였느니라. 오늘 있다가 내일 아궁이에 던지우는 들풀도 하나님이 이렇게 입히시거든 하물며 너희일까 보냐 믿음이 적은 자들아 그러므로 염려하여 이르기를 무엇을 먹을까 무엇을 마실까 무엇을 입을까 하지마라.
이는 다 이방인들이 구하는 것이라. 너희 천부께서 이 모든 것이 너희에게 있어야 할 줄을 아시느니라. 너희 먼저 그의 나라와 의를 구하라. 그리하면 이 모든 것을 너희에게 더하시리라. 그러므로 내일을 위하여 염려하지 말라. 내일 일은 내일 염려할 것이요, 한낱 괴로움은 그날에 족하니라."(마태복음 6:25~34)

위의 글은 신앙서 중에서도 참 읽기에 좋고 부드러운 글들이다. 이 글귀대로만 된다면 얼마나 좋으랴만 우리가 사는 현실은 그렇지 못하다. 신앙서이니 믿음으로 읽으면 참 좋은 글이 되리라 믿는다. "믿음이 적은 자들아! 너희는 먼저 그의 나라와 그의 의를 구하라. 그리하면 이 모든 것을 너희에게 더하시리라." 하였다.

우리의 믿음이 이런 경지에 이르면, 이 글보다 더 아름답게 읽히는 글도 없을 것이다. 믿음이 없는 자들에겐 뜬구름을 잡는 듯 허망한 글귀가 아닐 수 없다. 그렇지 않아도 살기가 각박한데 누구를 놀리려고 이런 글을 썼나 할 것이다. 쌀 한 톨을 구하려고 동분서주(東奔西走)하고, 꼭두새벽부터 밤늦게까지 고군분투(孤軍奮鬪)하는 사람들에겐 가슴을 쥐어뜯는 허문으로 여겨질 것이다.

몸이 의복보다 중하지만 염려만으로는 백합보다 아름답게 입혀지지는 않는다. 하늘에 나는 새들은 저절로 놔두어도 잘 자라고, 솔로몬의 영광이 제아무리 찬란하다 해도, 꽃잎 하나의 아름다움만큼도 못하다. 아무렇게나 버려지는 들풀도 아름다운 차림새로 뽐내는 것을 보면 우리는 들풀만큼도 못하다는 생각도 든다. 그러나 믿음이 적은 자들은, 믿음이 적은 것은 탓하지 않고, 먹을 것, 입을 것이나 탓하느니라. 하나님 나라의 의를 먼저 구하라 하였다.

나는 이 글귀들이 어찌나 좋던지 마음이 심란할 때는 가끔 찾아서 읽는다. 읽을 때마다 마음이 편하여지고 마음의 평정과 위안을 느낀다.

"이 세대의 사람을 무엇으로 비유할꼬 무엇과 같은고 비유컨대 아이들이 장터에 앉아 서로 불러 가로되 우리가 너희를 향하여 피리를 불어도 너희가 춤추지 않고 우리가 애곡을 하여도 너희가 울지 아니하였다 함과 같도다"(누가복음 7:31~32)

이 어지러운 세상 속에 살다 보니 마음이 때로는 어지러울 때가 많다. 이를 잡아보려 해도 잘 잡히지 않는다. 아무것도 아닌 일로 근심하고, 적은 이해타산에 휘말려 시달리며 산다.

이 글귀들에 잠시 침잠(沈潛)하다 보면 세상의 번우한 일에서 벗어나고, 마음의 위안과 구원을 얻은 듯하여 좋을 것이다. 이 글귀들이 어찌나 낭만적이고 유려(流麗)하던지, 조여드는 마음을 펴는 데 좋고, 편견과 옹졸한 마음에서 벗어나게 하는 데 좋다.

염려한다고 너의 키를 한 치라도 더 키울 수 있다고 생각하느냐? 그러지 말라고 아무리 일러도 사람들은 근심을 버리지 못하고 산다. 어린아이가 처음 태어날 때, 고고지성(呱呱之聲)을 떨치고 우는 것도, 근심의 바다를 어떻게 헤쳐나갈지 걱정이 되어서 그러는 것이라고 한다. 사람은 근심 속에서 살다가 근심하며 간다. 근심과 사람과는 숙명적인 관계가 있고, 무엇이든지 숙명적이면 피할 수가 없다. 피할 수 없을 바엔 즐기라고 하였다. 근심할 바엔 몸이 상하지 않게 하라 하였다. 근심해도 좋지만 몸이 상하면 안 되기 때문이다.(哀而不傷)

백 년도 못 채우면서 천 년의 근심을 하며 산다. 이 글귀는 미사허구(美辭虛句)처럼 느껴질지 모르나, 잘 음미하며 읽으면, 세월 따라 사는 인간의 의연(毅然)치 못한 모습을 보여주는 글귀이기도 하다.

제5부

포호빙하(暴虎馮河)

포호빙하라는 말은 무모한 용기를 가지고 함부로 덤비는 것을 말한다. 논어에 나오는 말로, 제자가 공자에게 "큰일을 하실 때 어떤 사람을 쓰시겠냐"고 물었더니 "나는 맨주먹으로 범을 때려잡고, 맨몸으로 큰 강을 건너다 죽어도 후회하지 않는 사람"(暴虎馮河)과는 함께 하지 않는다고 했다.

무모한 용기만 내세우는 사람보다 신중한 자세로 지혜로운 대책을 세울 수 있는 사람이 중요하다는 뜻이다.(조선일보 사설) 대표적인 사례로는, 1936년 후금(後金)의 홍타이지 황제가 즉위식 할 때의 이야기다. 주변국 사신들은 모두 절하면서 예를 다

하는데, 조선의 사신만이 꼿꼿이 서서 즉위식 분위기에 재를 뿌렸다. 오랑캐한테 절을 할 수 없다는 기개는 대단했지만, 몇 달 후 홍타이지가 조선을 정벌하는 계기가 되었다. 황제에게 절을 하지 않은 대가는 왕이 치렀다. 홍타이지 앞에서 세 번 무릎을 꿇고 아홉 번 머리를 조아리며 신하가 되겠다고 서약했다. 백성들은 이보다 1000배는 더 큰 고통을 받았다. 포호빙하가 어떤 결과를 초래했는지는 역사가 증명해 주었지만, 위정자들의 행태는 잘 바뀌지 않는다. (조선일보 사설 2019년 9월 3일)

춘치자명(春雉自鳴)

춘치란 봄 꿩을 말하고, 그 꿩이 스스로 소리를 내어 우는 것을 자명이라고 한다. 이른 아침에 공원에 나가 트랙을 도노라면, 옆 산에서 우는 춘치의 울음소리가 들린다. 봄만 되면 그의 특유한 탄성(彈性)으로 아침 공기를 가르며 운다.

겨우내 듣지 못하던 그 소리를 봄이 되면 저절로 듣게 되니 이보다 더 신비스러운 것도 없다. 겨울에는 아무리 해도 울지 않던 놈이 봄만 되면 스스로 울음을 터뜨려 우니, 이게 곧 춘치자명의 신비다.

어찌 춘치뿐이랴. 삼라만상이 계절을 따라 살면서 계절을 호흡하며 산다. 사철의 변화에 적응하면서 한동(寒冬)의 추위를 이겨내고, 봄이면 일어나 춤을 추고 노래하며, 여름에는 작열(灼熱)하는 태양열 속에서 성장의 노래를 부르고, 가을에는 울긋불긋한 홍엽들을 떨구어 귀근(歸根)을 서두른다.

이 길은 피할 수 없는 길이요, 생명 순환의 길이다. 세상 모든 것은 이렇게 와서 살다가 이렇게 간다. 아무리 오지 말라고 해도 겨울은 오고, 봄 또한 이렇게 왔다가 간다.

뭐니뭐니 해도 지금은 봄이다. 내 그간 봄에 관한 글을 많이 쓴지라 밑천이 다하여 쓸 것이 없지만, 춘치자명이란 글귀를 보니 마음이 동하여 다시 붓을 들어 봄에 관한 글을 쓰고 있다.

입춘이 지난 지도 어언 한 달여 되었지만, 아직도 추위는 여전하다. 엊그저께 꽃샘추위가 왔다가 갔고, 또 몇 차례 올 것이 분명하다. 돕바는 아직도 둘러쓰고 다니고, 장갑이나 마스크도 그대로 낀 채 다닌다. 아직도 손끝은 시리고 코끝은 얼얼한지라 만용(蠻勇)을 부리다간 큰일이 일어난다. 계절에 순응치 않고 살다간 큰 재앙을 만나 고생을 한다.

온갖 미물들이 땅 속에서 준동(蠢動)하기 시작하고, 새 잎새들도 두꺼운 각질을 뚫고 나올 채비를 한다. 온갖 꽃들은 꽃망울을 터뜨려 피어날 준비를 하고, 산야천변(山野川邊)이나 심산유곡(深山幽谷)에는 봄기운이 가득하다. 불원(不遠)한 시간이면 온갖 것들이 봄 단장을 하고 나타날 것이다. 봄은 생명의 계절이요 경이와 신비의 계절이다.

산사(山寺)의 풍경소리도 바람 따라 그윽하게 울고, 유곡(幽谷)의 얼음물도 봄이 오니 풀려 흐른다. 가을의 실솔(蟋蟀)들도 가을이 와야 울고, 도리행화(桃李杏花)도 봄이 와야 핀다. 녹음방초(綠陰芳草)도 세우(細雨) 따라 푸르고, 춘치자명도 봄 따라 일어난다. 계절이 오고 감에 따라 삼라만상은 일어났다가 사라지고, 사라졌다가 일어난다. 이것이 자연의 질서요 생명의 순환이다.

바람 따라 구름이 흐르고 세월 따라 사람이 흐른다. 계절 따라 흐르면서 그 계절의 노래를 부르고, 그 계절을 호흡하며 산다. 봄에는 꽃 노래를 부르고, 여름에는 무더위와 싸우고, 가을에는 풍성히 익는 오곡백과들을 거두고, 겨울에는 삼장(三丈)이나 쌓인 눈 속에서 봄을 기다리며 산다.(雪中待春)

대자연의 위대한 섭리에 순응하며 살고, 대자연에 함부로 대들었다간 생명을 잃고, 대자연을 지배하려다간 대자연의 위대한 힘에 눌려 죽는다.

춘치는 봄에만 우는 새요, 다른 계절에는 울지 않는다. 가을에 억지로 울려보려 해도 울지 않고, 봄이 오면 저절로 울어 봄이 오는 것을 알리고 봄을 노래하고 춤추며 살고자 한다.

군사부일체(君師父一體)

군사부일체란 임금과 스승과 아버지가 일체가 된다는 뜻이다. 임금과 스승과 아버지가 서로 하는 일이 다른데 무엇이 같다는 말인가? 임금은 나라를 다스리는 분이고, 스승은 글을 가르쳐 사람을 만드는 분이시다. 그런가 하면 아버지는 가장으로서 가정의 질서를 세우는 분이시다. 이렇게 서로 하는 일이 다른데 무엇이 같다는 것인가?

임금님은 백성으로부터 받는 은혜가 크고, 스승은 제자들로부터 받는 은혜가 크며, 아버지는 자식들로부터 받는 은혜가 크다. 스승을 임금의 반열에 올려놓고, 또 스승을 아버지의 반열에 올려놓아, 그 은혜의의 크기와 높음이 같음을 일컬어 군사부일체라 한다.

임금은 만인의 위에 있다 하여 만인지상(萬人之上)이라 하고, 부국강병(富國强兵)과 국태민안(國泰民安)에 힘쓰면 만인의 성군(聖君)이 된다. 아버지 또한 자식들과의 짙은 사랑으로 아버지의 도리를 다하면 그 은혜가 높아 하늘에 이르면, 이를 일러 호천망극(昊天罔極)이라고 한다.

스승의 은혜가 임금님과 아버지의 은혜만큼이나 높다 하여 높이 기렸지만, 지금은 세상이 많이 변했다. 학교의 울을 벗어나는 순간, 그간의 인연은 절연(絶緣)되어, 송두리째 잊히는 세상이 되었다. "스승의 은혜는 하늘 같아서 우러러볼수록 높아만 간다."라는 노랫말은 패장(敗將)의 가슴에 단 훈장만큼이나 빛바랜 것이 되었다. 스승의 그림자도 밟지 말라 하였지만 쓸모없는 옛말이 되었다. 교실에 들어가기가 무섭다고 하니, 학교가 교육의 성소(聖所)가 아니고, 폭력의 장소가 되었다.

스승은 이제는 스승이 아니요, 글이나 가르치고 월급이나 타 먹는 초라한 생활인이 되었다. 자기들의 비위에 거슬리면, 눈을 부릅뜨고 달려들어 물리력을 행사하려 드니, 세상이 변해도 너무 많이 변했다. 1년에 학교 안에서 일어나는 온갖 추행과 폭행과 비리가 1만 건 이상이 된다고 하니 언젠가는 하늘이 크게 꾸짖을 날이 올 것이다.

인재를 양성하여 국가의 동량이 되게 한다는 말은, 듣기는 좋지만 허울뿐인 쭉정이가 되었다. 그날 하루를 무사히 넘긴 것에 감사하며 사는, 요즈음 선생님들 참 고생 많이 하신다. 스승의 변(便)은 그 냄새가 고약하여 개도 먹지 않는다는 말이 있다. 속이 썩을 대로 썩고, 탈대로 탄지라 오죽하면 그런 말이 나왔으랴 싶다.

나도 평생을 그 길에 들어서서 살다 나왔지만, 힘들기는 했어도 그때는 요순시대였다. 참 운이 좋아 교육성업(教育成業)의 대임(大任)을 무사히 마치고 나왔다.

대학에서의 학점은 교수들이 사용하는 무기라고 한다. 그 무기에 짓눌려 학생들이 할 말을 못 하고 살았지만, 이제는 어림도 없는 세상이 되었다. 나도 당했다(Me Too)는 사건이 우후죽순(雨後竹筍)처럼 터져 번지던 날, 그분들의 본체가 백일하(白日下)에 드러나기 시작했다. 이젠 학생들도 당당해졌고 그 알량한 학점의 그늘에 묻혀 살지 않는다.

정도를 걸으면 근심이 없고 두려움도 없다 하였다. 이 시대의 잘못된 추이(推移)에 움츠리지 않고, 당당히 맞서 싸워 가야 한다. 교육이 바로 서는 날 나라가 바로 선다.

왕을 가르쳤던 스승을 왕사(王師)라고 했다. 어느 날 왕이 왕사에게 시정(施政)을 베푸는 일도 어려운데 학문까지 하려 하니 더 어렵다고 했다. 왕을 위해서 더 쉬운 학문은 없느냐고 물었더니, 학문에는 왕도가 없고, 학문은 모든 사람에게 공통으로 주어지는 것이라고 했다.

스승과 제자의 사이는 학문으로 맺어진 사이이다. 가르치는 자는 학문연구에 전념하고, 열심히 가르쳐야 하고, 배우는 자 또한 구도자적(求道者的) 열정으로 열심히 배워야 한다. 더 잘 가르치고 더 잘 배우는 사제동행(師弟同行)의 길이 열릴 때, 튼튼한 교육대도(教育大道)의 길이 열린다.

우리가 세상 모든 것을 구제하고, 우리 몸을 불태우게 내어놓는다 해도 우리에게 사랑이 없으면 아무 소용이 없다고 했다. 스승은 학문과 제자 사랑의 길에서 피와 땀을 쏟아 헌신할 때, 교육은 세상을 더 밝게 변화시키는 일을 하게 된다.

불광불급(不狂不及)이라는 말이 있다. 미치지 않으면 이르지 못한다는 뜻이다. 가르치는 자와 배우는 자가 똑같은 열정으로 학교교정이 불야성(不夜城)이 될 때, 상아(象牙)의 대탑(大塔)은 찬란하게 빛나는 탑이 된다.

군사부일체의 사상이 복원(復元)되는 날, 교육 현장은 교육의 성소(聖所)가 되고, 땅에 떨어진 교권(敎權)은 복원되어 교육의 성권(聖權)이 된다. 스승은 교육성자(敎育聖者)의 반열에 오르고, 제자들은 학문 연구와 인격도야(人格陶冶)에 진력(盡力)해서 나라의 앞날을 책임지는 좋은 동량(棟梁)이 된다. 좋은 인재들이 쏟아져 나올 때 나라는 좋은 동량을 얻어 튼튼하고 좋은 나라가 된다.

미 투(Me too) 일고(一考)

미투(Me too)란 나도 당했다는 뜻이다. 여자들이 하는 말이다.

인간관계란 혼자 사는 관계가 아니고, 서로 어울려 사는 관계다. 그러다 보니, 좋은 일도 일어나지만, 나쁜 일도 일어난다.

교육자는 학생들을 가르치며 살고, 의사는 환자를 돌보며 산다. 힘써 가르친 놈들 중에 잘못된 놈이 있고, 가장 오래 살아야 할 의사들 중에 먼저 가는 의사도 있다. 그래서 의자불양생(醫者不養生)이라 하였다.

남녀의 관계처럼 신비스러운 관계는 없다. 남녀의 관계가 신비스러운 것은, 남자는 씩씩하고 건강한 몸을 가졌기 때문이요, 여자는 상냥하고 아름다운 몸매를 가졌기 때문이다. 그렇지 않다면 서로 만나도 끌리는 일은 결코 없을 것이다. 만약 이 세상에 남자만 있고 여자가 없다면, 남자는 무척 외로울 것이고, 여자 또한 그럴 것이다. 그래서 태초에 남자와 여자를 만들어 짝지어 살게 하였다.

남녀가 서로 만나 가정을 이루고, 아들딸을 낳아 행복을 누리며 산다. 이런 가정은 세상의 그 어떤 것으로도 침해받아서는 안 된다. 남의 아내가 자기 아내보다 더 아름답다고 생각하거나,

남의 남편이 자기 남편보다 더 멋있고 잘생겼다고 생각하는 날, 그 가정에는 한풍(寒風)이 일기 시작한다.

남편을 상전처럼 모시는 아내는 결코 남편을 잃지 않는다. 그래서 경전에서는 "아내들아 남편에게 복종하라." 하였다. 아내의 이런 복종에는 반드시 남편이 아내 사랑하기를 제 몸처럼 하는 것을 전제로 한다. 시의(時宜)에 뒤떨어진 말이지만 그대로 해보면 그 깊은 의미를 알게 될 것이다. 일이 잘못된 후에야 울고불고해봤자 아무 소용이 없다. 가정은 그 누구에 의해서도 침해받아서는 안 되는 성역(聖域)이기 때문이다.

이상한 이야기를 하나 해야겠다. 조선조에서 서경덕(徐敬德)이란 유학자가 계셨다. 그런데 그에게 송도의 명기(名妓)인 황진이란 여인이 찾아왔다 서경덕의 명성이 높은 지라, 그 명성의 깊이를 알아보고자 했다. 그분의 학문과 도를 배우고자 하여 찾아왔노라고 했지만, 내심은 그런 것이 아니었다. 어떻게 하면 그분의 그 높은 명성을 무너뜨릴까 하는 속셈이었다. 사제지간처럼 도장(塗裝)되었지만 음흉한 계획이 숨어 있었다.

한 이불 밑에서 잠자리를 같이하게 되었다. 서경덕은 밤이 깊도록 책을 읽다가 잠자리에 들어와 같이 잠을 자게 되었다. 서경덕이 이불 속으로 들어오기를 학수고대(鶴首苦待)하고 있었던 황진이는, 잠자는 체 하면서도 교태를 부리며 접근했지만 끄떡도 하지 않았다. 이 다리 저 다리를 올려놓으며 유혹을 했지만, 그때마다 손으로 다리를 잡아 내려놓는 것이었다. 견디다 못해 "선생님! 선생님을 사모하는 마음이 한이 없습니다. 어찌 그렇게도 여인의 마음을 몰라주십니까."라고 했다. 황진이의 이런 물음에 "허허 내 눈에 어찌 남녀의 구별이 있단 말인가"라고 했다.

황진이 같은 천하일색의 여인의 농락에도 끄떡도 하지 않았으니, 참 속된 표현으로 목석같은 사내였다. 그의 고고(孤高)한 인품에 놀라지 않을 수 없었다.

만석 같은 고승(高僧)은 황진이의 교활한 술계(術計)에 넘어가, 승려의 생명이랄 수도 있는 목탁과 주발을 초개처럼 던져버리고, 깔깔 웃으며 달아나는 황진이 뒤를 쫓아 잡으려고 했다. 누가 어떤 사람에게 홀리면 만석중 홀리듯 했다는 옛말이 전해진다.

옛날에는 남녀가 7세만 되면, 같은 자리에도 앉지 못하게 했지만(男女七歲不同席), 지금은 세상이 뒤집혔다 할 만큼 많이 변했다. 지금은 남녀가 동등이고, 남자가 천하를 움직인다 해도, 여자가 그 남자를 움직이는 세상이 되었다. 암탉이 새벽을 깨우치는 세상이 되었다.(牝鷄司晨)

특권층의 사람들이 자기의 특권을 이용해서 성희롱, 성추행, 성폭력과 같은 못된 짓을 저지르지만, 이제는 옛날처럼 당하고만 있지는 않는다. 나도 당했노라고 당당하게 들추어 올리는 'Me too'운동이 피안(彼岸)의 불길처럼 번져나갔다. 우리가 누구의 성노예가 아니고, 무참하게 피해를 보는 일이 일어나서는 안 된다고 극구(極口) 목소리를 높인다. 자기와 같은 피해자가 다시는 발생해서는 안 된다고 분연히 일어섰다.

한 여인에 대한 성희롱이나 성추행, 성폭행은 단순히 음욕의 쾌감을 만족시킬는지는 모르지만, 한 여인의 영혼과 인격을 송두리째 말살해버리는 행위이다. 인간 행위 중에서도 가장 추악하고 천박한 행위이고, 가정을 파괴하고 세상을 혼탁하게 하는 하류 인간들이 저지르는 행위이다.

부부는 이신동체(二身同體)이다. 두 몸이 합하여 하나가 된 것으로, 몸만 하나가 된 것이 아니요 마음까지 하나가 된 것이다. 두 사람이 마음을 합하면, 그 예리함이 금을 자른다 하였고(二人同心 其利斷金), 두 사람이 같은 마음으로 말하면 그 향기는 난초와 같다 하였다.(同心之言 其臭如蘭)

세상의 선하고 아름다운 남자들이여! 일시적 욕정으로 패가망신 당하지 말고, 깊이 생각을 가다듬어 살면, 내 집의 아내가 천사처럼 아름답게 보이고, 여러분의 가정은 철옹성처럼 튼튼하고 아름다운 가정이 될 것이다. 적막을 깨뜨리는 나의 이 파적담(破寂談)에 귀를 기울이기 바란다. 그리고 잘못하여 후회하는 일이 없기를 바란다. 후회는 이미 늦은 것이 아니던가.

악에게 지지 말고 선으로 악과 싸워 이기라. 내가 서있는 곳은 성역(聲域), 성소(聖所)가 아니던가. 한 치도 옆으로 움직여서는 안 된다.

나라가 분쟁하면 나라는 설 수 없고

제자가 스승에게 "정치란 무엇입니까"라고 묻자 "군군(君君) 신신(臣臣) 부부(父父) 자자(子子)"라 했다. "그 말이 무슨 뜻입니까?" "임금은 임금다워야 하고, 신하는 신하다워야 하고, 아버지는 아버지다워야 하고, 아들은 아들다워야 하느니라." "어찌하여 그렇습니까?" "임금이 임금다워야 나랏일이 잘 되고, 신하가 신하다워야 임금을 잘 보필하여 바르게 정사를 펴게 하고, 아버지가 아버지다워야 가정의 질서가 서고, 아들은 아들다워야 부자유친(父子有親)의 관계가 잘 유지된다."라고 하였다.

아들이 아들다우면 아버지와 아들의 친함이 유지되고, 형이 형다우면, 동생을 사랑하고, 동생이 형을 공경하는 관계가 유지된다.(兄友弟恭) 정치가 잘 이루어지면 정치의 온기가 각 가정의 구석구석에까지 스며들어 가화대도(家和大道)가 이루어지고, 가화가 잘 이루어지면, 가화만사성(家和萬事成)의 기쁨을 누린다.

신하가 임금에게 나라를 다스리는 가장 중요한 요체(要諦)는 무엇이냐고 물었더니, 족식(足食: 충분한 식량), 족병(足兵: 충분한 병사), 민신(民信: 백성의 신뢰)이라고 했다. 이 중에 하나를 버리라고 하면 어느 것을 버리겠습니까? 라고 물었더니 족병이라고 했고, 그 다음에 또 하나를 버리라고 하면 족식이라고 했다. 그러고 보면 나라를 다스리는 가장 중요한 요체는 임금과 백성 상호 간의 믿음이다.

족병, 족식도 중요하지만 더 중요한 것은 믿음이다. 임금이 백성들로부터 믿음을 잃으면 나라를 부지(扶支)하기가 어렵고, 백성들 상호 간의 믿음이 없으면, 반목(反目)과 질시(嫉視)가 커서 나라가 여러 갈래로 분열된다. 나라가 여러 갈래로 나뉘면, 나라는 분쟁에 휘말리고, 그 일이 오래 계속되면, 나라는 붕괴되어 궤적(軌跡)을 잃는다. 아무리 튼튼한 나라도 분쟁에 휘말리면, 종래에는 지탱하지 못하고 패망의 불운을 겪는다.

서로 간의 믿음이 깨지면, 그 어떤 것도 바로 서지 못한다. 남편과 아내 사이의 관계도 그렇고, 벗과 벗 사이의 관계도 그렇다.(朋友有信) 옛말에 무신불립(無信不立)이라는 말도 그래서 나온 말이다. 그 집이 스스로 분쟁하면 그 집이 설 수가 없고, 나라가 분쟁하면 그 나라는 바르게 설 수가 없다.

온 국민이 하나가 되면, 그것이 최강의 안보(安保)요 최강의 튼튼한 보루(堡壘)가 된다. 나라를 세우는 데는 천년의 세월이 걸리지만, 허무는 데는 한순간이면 된다.

1940년 5월, 영국 국민은 처칠을 수상의 자리에 올렸다. 그때는 제2차 세계대전이 한창 진행되고 있을 무렵이었다. 처칠은 의회에 나가 "나는 피, 수고 그리고 땀밖에 드릴 것이 없다. 이제 단합된 우리의 힘으로 앞으로 나아가자."라는 연설을 했다. "영국 불행의 역사가 끝내 마침표를 찍어야 한다면, 히틀러가 피 흘리고 숨이 막혀 죽은 뒤에야 그렇게 될 것이다."라고 했다.

처칠의 이런 단호한 의지와 용기로 앞장서자 영국은 달라지기 시작했다. 5년 뒤에 히틀러의 나치는 무릎을 꿇었고, 천하무적의 독일의 전차부대도 영국 국민의 이런 단호한 결의 앞에 무릎을 꿇고 말았다.

전쟁을 할 때 천시(天時)가 지리(地利)만 못하고 지리는 인화(人和)만 못하다 하였다. 날씨가 험한 것은 지세가 험한 것만큼은 못하고, 지세가 험한 것은 병사들의 일치단결의 힘만큼은 못하다. 병사들의 단결력이 강하면 날씨의 험함이나 지세의 험함을 극복하기 때문이다.

상하(上下)가 같은 생각으로 단합하여 싸우면, 아무리 어려운 전쟁도 이긴다.(上下同欲者勝) "머리가 힘들 때 꼬리가 와서 도와주고, 꼬리가 힘들 때 머리가 와서 도와준다."(손자병법)

국론이 통일되면 전쟁도 이기고 핵도 이긴다. 인화보다 더 중요한 것은 없고, 인화보다 더 강한 것은 없다. 한 나라가 하나로 뭉칠 때, 독립불구(獨立不懼)의 튼튼하고 강한 나라가 된다.

나라를 잃으면 모든 것을 잃는다. 나라는 우리의 생존의 최후의 보루요 생명선이다. 성공한 사람이 행복한 것이 아니라, 나라 안에서 온 국민이 화평(和平)을 누리며 즐겁게 살 때 행복한 것이다. 석유가 쏟아지고 미사일이 난다고 하여 행복한 것은 아니다.

핵이 있다 하여 행복해 해서는 안 된다. 핵은 사람을 죽이는 것이고, 사람을 죽이는 것을 만들었다 하여 기뻐할 일은 아니다. 잘못하다간 이쪽저쪽이 공멸(共滅)의 불행을 겪기 때문이다.

저쪽에서 무엇을 던지면 이쪽에서도 무엇을 던져야 한다. 그것은 곧 생존의 원리이고, 가만히 앉아만 있다가 혼자만 당하고 만다. 당하지 않기 위해서 서로가 다투어 대포알을 만들고 핵을 만드는데 혈안(血眼)이 된다. 백성들을 굶주리고 헐벗게 하면서도 그렇게 하지 않으면 안 된다.

핵을 만드는 것은 지옥을 만드는 것이다. 한 번도 써보지도 못하고 가지고만 있어도 자위(自衛)가 된다 하여 그렇게 한다. 핵을 가지고 다른 나라를 어찌 해보려는 생각을 해서는 안 된다. 그랬다간 너도 나도 죽는 참운(慘運)을 겪는다. 이웃 나라들이 가만 놔두지를 않을 것이다.

나라의 지도자는 현명해야 한다. 혼용무도(昏庸無道)라는 말이 있다. 임금이 어리석고 용렬(庸劣)하면 길이 없다는 뜻이다. 의로운 판단력과 혜안(慧眼)으로 나라를 잘 인도하고, 백성이 편안한 마음으로 살 수 있게 해야 한다. 그럴 때, 온 백성이 하나로 화합하면, 국운융성의 길이 트이게 된다. 나라는 하나로 단합해야 하고 분쟁해서는 안 된다.

후안무치(厚顔無恥)

후안무치란 얼굴이 두꺼워 부끄러워할 줄을 모르는 것을 말한다. 사람은 나면서부터 여러 사람과의 관계를 통해 살아간다. 늘 좋은 사람만을 만나는 것이 아니고, 때로는 나쁜 사람을 만나기도 한다. 그러다 보면 그들로 인해 악해지기도 하고 선해지기도 한다. 사람은 누구나 양심이라는 것을 가지고 있다. 선과 악을 구별하는 도덕적 척도를 양심이라고 한다.(moral sense of right and wrong) 양심에 벗어나지 않게 살라는 말은, 나쁜 일을 저지르지 않고 바르게 살라는 말이다. 사람은 곧 좋아졌다가 나빠지고 나빠졌다가 곧 좋아진다. 이러기를 반복하며 사니 사람처럼 불완전한 동물도 없다. 이런 일들은 자기 마음속에서 은밀하게 일어나는지라, 자기 이외에는 아는 자가 아무도 없다. 이런 일련의 일들이 기록되어 세상에 알려지기라도 한다면, 사람보다 더 부끄러워해야 할 동물도 없을 것이다.

마음속에서 도둑질이나 살인을 획책(劃策)해도 이를 아는 자는 자기뿐이다. 마음속에서 제아무리 음흉한 생각을 해도 그것이 밖으로 나타나지 않으면, 세상의 어떤 법(法)도 이를 상관하지 않는다.

마음속에서 아무리 은밀하게 이루어진다 해도, 우리의 일거수일투족(一擧手一投足)은 양심의 망에 걸리지 않는 것은 없다.

양심의 망을 하늘의 망(天網)이라고도 한다. 그 천망은 얼멍얼멍하게 짜여져 있지만, 그 망의 어디에서도 빠져나갈 곳이란 없다.(天網恢恢 疏而不漏) 제아무리 많은 것이 양심의 망에 걸려도 그 망이 째지는 일은 없다.

양심은 우리가 저지르는 모든 죄를 고발하는 고발자다. 세상의 법은 육법(六法), 칠법(七法)을 만들어 빠져나가지 못하게 철벽 방어를 해도 이를 빠져나가는 자가 많다. 하지만 양심의 망은 회회(恢恢)하게. 짜여 있어도 그 망을 뚫고 빠져나가는 자는 없다.

양심은 우리의 마음속에서 일어나는 일을 재판하는 재판관이다. 신전(神殿)처럼 성스러운 곳에 앉아 우리의 죄를 재단(裁斷)하는 재판관이고, 아주 공평무사하게 한 치의 오차도 없이 재판하는 명 재판관이다.

평생을 살면서 한 번도 병에 걸리지 않고 건강하게 사는 사람은 없고, 아무리 써도 닳지 않고 무한히 쓸 수 있는 재물도 없다. 천하를 호령하며 영원히 누릴 수 있는 권력도 이 세상에는 없다. 지금은 튼튼하게 보여도 언젠가는 다 무너진다. 하지만 양심은 난공불락의 튼튼한 요새(要塞)가 되어 외부의 어떤 큰 힘도 뚫고 들어와 양심을 공략하지 못한다.

맹자삼락(孟子三樂)이라는 것이 있다. 부모님이 살아계시니 기쁘고, 천하의 영재들을 불러 모아 가르치니 기쁘고, 마음에 부끄럼 없이 사니 기쁘다고 했다.(無愧我心) 하늘을 우러러 부끄러

움이 없고(仰不愧於天), 땅을 굽어보아 부끄럼이 없다고 했다.(俯不怍於人)

나 자신을 돌아다보니 잘못한 일이 너무 많다. 세상에 알려졌더라면, 크게 부끄러운 일이 되었을 것이다. 그런 일들을 생각할 때마다 얼굴이 붉어져 화끈거리기도 한다. 내 그 일들을 반면교사(反面教師)로 삼아 늘 경계하며 산지라 지금껏 체면을 유지하며 살고 있다.

낯가죽이 두꺼우면 별 못된 짓을 하고도 뻔뻔스럽게 활보하며 돌아다닌다. 얼굴은 사람의 얼굴을 가졌으되, 마음은 짐승의 마음을 가지고 살면, 이를 인면수심(人面獸心)이라 하고, 온갖 잔혹한 일을 저지르고도 부끄러워할 줄 모르면, 이런 사람을 일러 후안무치(厚顔無恥)한 사람이라고 한다.

옛날 임금님들은 별짓을 다 해도 눈감아주며 살게 하였다. 이를 무치(無恥)라 하였거니와, 만인지상(萬人之上)의 임금의 권위를 생각하여 그렇게 봐주었지만, 지금은 어림도 없는 세상이 되었다. 최고의 자리에서 최고의 수범을 보이지 않으면, 백성들로부터 가혹한 매를 맞는다.

자기의 잘못을 부끄러워하고, 남의 잘못을 미워하는 것은 수오지심(羞惡之心)이라고 한다. 사람이 나쁜 짓을 범하면, 우선은 심장이 뛰고, 얼굴이 붉어진다. 이마에 땀이 나고, 부끄러움의 정도가 심하면 흐르는 땀이 등을 적시기도 한다.(汗出沾背) 이런 경험은 누구나 하며 살았을 것이고, 남들 앞에서 쩔쩔매며 서 있었던 경험을 다 가지고 있을 것이다. 나 역시 이러기를 계속하며 살았다. 그럴 때마다 뉘우치며 살았던지라 큰 위안과 다행

대복을 느낀다.

수치심이 없는 사람은 양심의 가책이 없는 사람(He that has no shame has no conscience.)이라 하거니와, 세상을 살되 늘 뉘우쳐 고쳐 살기에 힘써야 한다.

인간만이 얼굴이 붉어지는 동물이라고 한다. 그것이 인간의 수월성(秀越性)이요 만물의 영장(靈長)인 것을 나타내는 점이다. 잘못을 저질렀으면 이를 부끄러워하고, 이를 고치며 사는 생활이 이루어지기를 바란다. 후안무치한 사람이 되지 않기를 바라며 이만 줄인다.

일시의 분을 참으면(忍一時之忿) 백일의 근심을 면한다(免百日之憂)

한 지인의 이야기다. 어느 날 한 불자(佛子)가 찾아와 시주(施主)를 하면 잘 산다고 하기에 그렇게 했다. 잘 산다는 말에 무심할 수가 없어서 그렇게 했더니, 쪽지에다 수불석권(手不釋卷)이라는 글귀를 남기고 갔다. 무슨 뜻인지를 모른다며 나에게 가져왔기에, "손에서 책을 놓지 말아라."라는 뜻이라고 했더니 참 좋은 글귀라고 했다. 그런데 그 불자가 불원(不遠)한 세월에 당신은 부귀영화를 누릴 팔자라고 했더라면 훨씬 더 기분은 좋았을 것이다. 그러나 그런 부허(浮虛)한 말은 사람을 미혹케 하는 말이어서 조심해서 들어야 한다. 잘못하다가는 패가망신의 불행을 겪을 수도 있기 때문이다

평생을 책을 벗하여 사는 일이 따분한 일이기는 해도, 책 읽는 일에 길들여 살면, 이보다 더 사람을 높고 바르게 살게 하는 일도 없을 것이다.

책이 사람을 만들고 사람이 책을 만든다. 책을 읽는 자 중에 잘못되는 자가 없다. 책을 읽는 자 중에 게으른 자가 없고(孜孜不倦), 마음이 악하여 세상을 어지럽히는 자도 없다. 책은 사람

의 생각을 바꾸고 인간 역사의 방향을 바꾼다. 책은 인간 생활의 길잡이가 되고, 지혜의 샘이 되어 인간 생활을 풍요롭게 한다. 꾸준히 책을 벗하여 사는 자는 그 생활이 깊고 정밀(靜謐)하여 만인의 귀감이 된다. 사람이 하는 일 중에 이보다 더 잘하는 일은 없고, 아무리 어려운 글귀도 백번을 읽으면 그 뜻이 저절로 우러난다 하였다.(讀書百遍意自見)

어느 날 한 식당에 들렀더니, "새는 울어도 눈물을 볼 수 없고(鳥啼淚難看), 꽃은 웃어도 소리를 들을 수 없다.(花笑聲未聽)"는 한문 글귀가 벽에 걸려 있었다. 식당 주인에게 이 글귀의 뜻을 아느냐고 물었더니 모른다고 했다. 몇 달 전에 친척으로부터 식당을 물려받은 것이어서, 뜻이 좋은 것이라 여겨 그대로 걸어놓고 있다고 했다.

글자 하나하나를 손으로 짚어가며 그 뜻을 알려주었더니, 수첩에다 잽싸게 적는 것이었다. 이렇게 좋은 글귀는 난생처음으로 듣는다며, 허리를 90도로 굽혀 고마움을 표시했다. 나도 난생처음으로 그 식당 주인으로부터 명사(名士) 대접을 받았다. 그간 많은 사람으로부터 이 글귀의 뜻을 아느냐고 질문을 받았지만, 이제는 당당하게 대답해 줄 수 있다고 했다. 이 글귀는 다른 책에서 이미 인용했던 글귀여서 내 책을 읽은 사람은 이미 다 기억하고 있을 것이다.

두 글귀가 짝을 맞춰 쓰이면 이런 글귀를 대구(對句)라고 한다. 이런 글귀가 수없이 많은지라 하나만 더 소개하고자 한다. "길이 멀어야 나귀의 힘을 알고, 세월이 많이 흘러야 사람의 마음을 안다."(路遙知馬力 日久見人心) 사람의 마음을 오래 언어 살기가 어렵다. 뭐니뭐니 해도 남편과 아내처럼 오래도록 좋은 관계를 유지하며 살기는 어렵다. 오랜 세월 동안 오래 참고 서로 이해하며 산 결과라 믿어진다. 친구들 중에 그런 사람이 한 사람이라도 있다면 큰 보물을 얻어 사는 것이 될 것이다.

어느 날 고향에 들렀더니 아버님이 가훈이라며 '忍之爲德'(인지위덕)이라는 글귀를 액자에 넣어 벽에 걸어놓으셨다. 어찌하여 가훈을 '인지위덕'으로 하셨느냐고 물었더니, "너희들에게 참 미안하다. 젊었을 때는 젊은 혈기로 너희들이 잘못하면 호되게 나무라기도 하고, 때로는 두들겨 패서 너희들을 힘들게 했다. 그때 좀 참았더라면 되는 것을 그러지 못해서 그렇게 됐다. 너희들 세대에서는 그런 일이 있어서는 절대로 안 된다."고 하셨다. 아버님은 전형적인 농부이시지만 똑똑한 분이셨다. 말씀에 논리가 서고, 흔히 말하는 카리스마도 있으셨다. 어렸을 때 서당에서 익힌 글귀를 그대로 기억하고 계셨다. 낮에는 밭에 나가 일을 하고 밤에는 책을 읽는 주경야독(晝耕夜讀)의 생활을 꾸준히 하신 분이셨다. 그래서 그런지 한문 글귀가 가끔 입에서 튀어나와 우리들을 놀라게 하셨다.

아버님이 좌우명(座右銘)처럼 외우고 계시는 한문 글귀가 있다. "일시의 분을 참으면(忍一時之忿), 백일의 근심을 면한다."(免百日之憂)는 글귀였다. 본인의 생활 속에서 뼈아프게 익히신 글귀라 믿어진다. 분은 순간적으로 일어나는 것이니, 그 순간만을 잡으면 된다는 것이었다.

어느 날 초등학교에 다니는 손자놈으로부터 전화가 걸려왔다. "할아버지, 우리 집에 가훈이 있어요?" 그런데 그 목소리에 약간의 흥분기가 들어 있었다. 그래서 “무슨 일이냐?”고 물었더니, “담임 선생님이 각 가정의 가훈을 적어오라고 했지만, 아빠, 엄마에게 물어봐도 모른다고 했어요. 도대체 우리 집에는 가훈이라는 게 없는 거예요?” “있다.” “무엇이죠?” “인지위덕이다.” “무슨 뜻이죠?” “참는 것이 덕이라는 뜻이다. 그런데 너 덕이라는 말이 무슨 뜻인지 아느냐?” “예, 알아요. 좋다는 것 아닙니까?” “맞다. 참는 것이 좋은 것이라는 뜻이다.” 이렇게 해서 창우의 흥분도 가라앉았고, 우리 가정에도 가훈이 있는 것을 확인하는 계기가 되었고, 가훈 따라 사는 가정이 되었다.

이 세상의 모든 것은 인내의 소산이다. 인내없이 이루어지는 것은 없다. 인내는 쓰고 고통스럽지만, 그 열매는 달다 하였다. (Patience is bitter, but its fruit is sweet.) 남편과 아내가 인내와 눈물 없이 어찌 좋은 자식들을 길러내며, 농부가 기다림과 땀을 흘리지 않고, 어찌 좋은 곡식을 만들어낼 수 있겠는가. 한 발 한 발 힘들이지 않고 어찌 산의 정상(頂上)을 정복하겠으며, 위정자가 노심초사(勞心焦思) 시정(施政)에 전념하지 않고 어찌 백성을 편안하게 하겠는가.

인내는 그 사람의 사람됨의 소산이다. 그 사람의 품성을 알고자 하면, 그 사람이 인내하는 것을 보면 안다. 사람 속에 악이 있음은 그 사람 속에 인종(忍從)의 미덕이 없기 때문이다. 귀찮다고 마스크를 벗었다간 죽고, 힘들다고 친구들과 술 한잔하다간 미생물의 희생물이 된다. 인내는 만족의 열쇠다.(Patience is the key of content.) 인내하는 자가 자기 병도 고치고(No remedy but patience), 세상의 모든 어려운 일도 해낸다.

아버님의 '인지위덕' 가훈에 감사하고, 이 가훈으로 자식들과 손자들을 잘 키우고, 영원무궁토록 무탈하기를 기원하며 이만 줄인다.

해현경장(解弦更張)

해현이란 느슨해진 줄을 말하고, 경장이란 느슨해진 줄을 조여서 팽팽하게 하는 것을 말한다. 활이나 거문고 같은 악기의 줄이 느슨해지면 이를 조여서 팽팽해지도록 하는 것을 말한다.

활에는 줄이 있어 화살을 멀리 보내고, 악기에도 줄이 있어 좋은 음을 낸다. 활이나 악기에 줄이 없으면 아무 쓸모없는 무위(無爲)한 것이 된다. 활이나 악기가 제구실을 다하기 위해서는 줄이 팽팽하게 조여져야 한다. 그렇다 해서 조여있는 상태가 너무 오래 계속되면, 줄은 탄력(彈力)의 한계를 잃어 끊어질 수도 있다.

사람의 몸도 일할 때는 일하고, 쉴 때는 쉬어서 다음에 쓸 힘을 축적해야 한다. 늘 쓰기만을 계속하다간 다음에 쓸 힘을 잃어버린다. 낮에는 일터에 나가 열심히 일하고, 밤에는 일한 만큼의 충분한 휴식을 취해야 한다.

가정불화가 너무 오래 계속되면 살 수가 없고, 이웃이나 직장에서도 긴장이 오래 계속되면 살기가 힘들어진다. 전쟁이 오래 계속되면 백성들이 힘들어지고, 나라도 피폐하여져서 더 이상 지탱할 힘을 잃는다. 어쩔 수 없을 때의 전쟁은 필요하지만, 전쟁은 파괴를 일으키는 것이어서 잘못하다가는 나라를 잃는 불행을 겪는다. “인류는 전쟁에 종지부를 찍지 않으면 안 된다. 그렇지 않으면 전쟁이 인류에게 종지부를 찍을 것이다.”(J.F.케네디) 이 세상에서 전쟁보다 더 무섭고 우리를 긴장시키는 것은 없다.

노년에 이르면 세 가지 고통이 있다. 이를 노년삼고(老年三苦)라고 한다. 첫째가 빈곤이요, 둘째는 질병이요, 셋째는 고독이다. 이 세 가지가 한 번에 겹쳐서 오면, 피할 길을 찾지 못하고 간다. 노년은 죽음의 그림자 밑에서 죽음을 생각하며 산다. 그러나 노년은 노년대로 써야 할 힘이 없는 것도 아니다. 사는 날까지 없는 힘도 내서 살면 하루하루가 의미 있고 즐거운 하루가 될 것이다.

줄이 느슨해졌을 때 거문고 줄을 조이면, 탄력 있는 소리가 나오고, 옷매무새가 추레하게 느껴지면, 좀 더 화사한 옷으로 갈아입어야 하고, 수염이나 머리가 길다고 느껴지면, 수염도 깎고 머리도 깎아야 한다. 미안수도 바르고, 신발 끈도 단단히 조여서 매고, 보무도 당당히 바람 속을 씽씽 치달아보라.

억지로라도 일찍 일어나 밖으로 나가면 새벽 공기의 상쾌함에 놀랄 것이다. 날마다 그렇게 하면 새 힘이 생기고 노익장(老益壯)의 활력을 얻어 살 것이다. 습관은 사람을 지배하고 새로운 사람으로 변화시킨다. 아무리 춥고 더워도 그렇게 하며 살면 그렇게 사는 사람이 된다. 편안한 것에 안주해서는 안 된다. 평안히 좋다 하여 움직이지 않고 누워만 있으면, 몸은 점점 더 굳어진다. 지금이 제일 편안하다고 느끼면, 그때가 바로 바꿔야 할 신호가 온 것이다. 더 바랄 것이 없다 싶을 때가 가장 위험한 시기이다. 하기 싫더라도 밖으로 나와 활줄을 조이고 시(矢)를 당겨보라. 솟구치는 힘에 놀랄 것이다.

줄이 풀렸다 싶으면 다시 조여 매서 긴장을 유지해야 한다. 몸이 고장이 나면, 몸을 먼저 고치려 할 것이 아니요(先不治身), 마음을 먼저 고치라(先治心)하였다. 마음 단단히 먹고 살아야 몸도 단단해진다.

"고요한 곳에서 고요한 마음을 가지는 것은 참다운 고요함이 아니다. 소란한 곳에서 고요함을 유지해야 마음의 참 경지를 얻는 것이다."(채근담) 평화로울 때가 가장 위험할 때요, 평화로울 때 위기를 느끼며 살아야 한다. 평화로울 때가 가장 행복하다고 하지만, 너무 평화에 탐닉(耽溺)하다간 그 사이에 불행의 마수(魔手)가 뚫고 들어온다. 평화를 원하면 전쟁을 준비하라(If you wish for peace, prepare for war.) 하였다.

궁사(弓士)들이 활터에 나갈 때는 줄을 조여서 나가고, 악사(樂士)들이 연주장에 나갈 때는 악기의 줄을 조율하여 나간다. 가야금 12현 중에 어느 한 줄이라도 조율이 잘못되면, 좋은 음을 낼 수가 없다.

예술의 본질은 슬픔이라고 한다. 궁사가 시(矢)를 당겨 과녁에 넣는 것도 예술이요, 악사가 악기를 잘 다루어 좋은 소리를 내는 것도 예술이다. 어느 것이든 잘하면 예술이고, 그 예술이 마음에 감동을 주면 눈물이 난다. 눈물이 심연(深淵)에서 나올 정도로 감동을 주면 위대한 예술이 된다.

계절이 변할 때마다 새로운 긴장이 나타난다. 봄에는 봄의 긴장이 나타나고, 겨울에는 겨울의 긴장이 나타난다. 그 긴장으로 꽃을 피워 올리고, 겨울에 세찬 추위를 이겨낸다. 그 긴장으로 여름의 더위를 이겨내고, 그 긴장으로 가을의 아름다운 단풍과 서늘함을 맛보게 된다. 봄이 아무리 아름답다 해도 늘 봄이면 아름답지 않고, 가을이 아무리 서늘하다 해도 늘 서늘하면 서늘함이 아니다. 무더운 여름 후에 맞이하는 가을은 정말 서늘한 가을이고, 추운 겨울 후에 맞이하는 봄은 정말 따뜻하고 아름다운 봄이 된다. 계절이 변할 때마다 새로운 긴장으로 새 계절을 맞는 기쁨이 크다.

줄이 낡아 오래되면 아예 풀어서 새 줄로 다시 매야 한다. 그러면 늘어지던 소리가 힘차게 들리고 흐트러진 음이 제소리를 내게 된다. 우리의 몸도 그렇고 우리의 생활도 그렇다. 이것이 곧 해연경장의 기쁨이요 행복이다.

제6부

귤화위지(橘化爲枳)

귤을 남쪽(淮南: 회남)에서 북쪽(淮北)으로 옮겨 심었더니 탱자가 되었다는 중국의 한 고사에서 나온 말이다. 이 말을 남귤북지(南橘北枳)라는 말로도 쓰인다.

사람도 그가 처해있는 곳에 따라 달라진다. 선하게도 되고 악하게도 된다. 식물도 1층에서 10층으로 올려 심으면, 자라지 못하고 죽는다. 악인도 선인 사이에서 살면, 저절로 감화를 받아 선인이 된다.

중국의 대학자 맹자(孟子)는 3살 때 아버지를 여의었다. 그의 어머니는 맹자를 훌륭한 사람으로 키우려 했다. 그의 집이 절

(寺) 근처에 있게 되자 친구들과 같이 장례식 흉내를 내었고, 그의 집이 시장 옆으로 옮기게 되자 장사치들이 장사하는 흉내를 내었다. 그래서 하는 수 없이 집을 글방 옆으로 옮겨 주었더니 다른 서동(書童)들처럼 글을 읽기 시작했다. 사람은 그가 처해있는 환경에 따라 사람이 달라진다. 선인도 악인 사이에서 살게 되면, 그의 선심을 펴지 못하고 악인이 된다. 이게 곧 귤화위지다.

어설픈 제자
(나를 외롭게 한 일들)

나는 초등학교 6학년 때 담임 선생님을 쫓아내려고 모의했던 사람이다. 6학년에 올라오면서 담임 선생님이 바뀌었다. 그런데 이분이 매를 들어 가르치기 시작했다. 전적으로 잘 가르쳐보려는 의욕 때문이었다. 갑작스러운 그런 변화에 학생들이 매우 당황했다. 학교 당국에 이야기하거나, 담임 선생님에게 직접 이야기했더라면 쉽게 풀릴 수도 있는 일이었지만, 그렇게 하지 못했다. 아주 단순한 생각으로 치닫다 보니 급기야는 터지고 말았다.

우리의 뜻대로 일은 진행되지 않았다. 나는 그 모의에 가담은 했지만 주동자는 아니었다. 진짜 주동자는 따로 있었다. 나는 공부 때문에 매 맞을 일은 없었던지라 그 모의에 적극적이지 않았다. 반장이었던지라 이름만 빌려주어 그 일을 진행되게 할 뿐이었다. 그런데 그 일은 사전에 탄로되고 말았다. 거사 당일 이른 아침에 담임 선생님께서 우리 집에 오셔서, 자초지종을 부모님께 다 이야기하신지라 혼이 나게 얻어들었다. 아침 식사를 집에서 하고 담임 선생님과 같이 학교에까지 가면서도 선생님은 아무 말이 없으셨고, 나도 또한 할 말이 없었다.

학교는 어수선해졌고 처벌 문제가 거론되었다. 주동 학생과 내가 무기정학을 당하는 처벌이 내려졌다. 내 학적부에는 붉은 글씨로 처벌 사실이 기록되어 있겠지만, 그 사실을 아직까지도 확인하지는 않았다. 그 담임 선생님을 모시고 6학년 과정을 마치고, 중학교 그리고 고등학교, 대학까지 마쳤다.

모의사실을 다 이야기하려면 꽤나 많은 지면이 필요하여 주마간산격(走馬看山格)으로 줄이다 보니 이렇게 짧게 줄여서 썼다. 행간(行間)의 숨은 이야기가 많지만 독자들이 헤아려 생각하기 바란다.

선생님은 전남 영암분이셨고, 참 열정이 많은 분이셨다. 조금의 사심도 없이 잘 가르쳐야겠다는 일념으로 그렇게 하셨지만, 그저 매 맞는 것이 무서운 것만을 생각하여 그렇게 엄청난 일을 저지르고 말았다.

세월 유수라더니 어느덧 내 나이도 산수(傘壽)의 고비를 넘긴지 오래 되었다. 험산준령(險山峻嶺)이 어찌 없었겠는가만, 무사히 잘 넘기며 살았다. 그것도 그 담임 선생님과 똑같은 교직의 길에 들어서서 그 대임(大任)을 무사히 마치고 지금은 지난날을 돌아보며 이렇게 회한의 글을 쓰고 있다.

언젠가 학생 유인 지도차 영암에 있는 영암고등학교에 들러 선생님의 근황을 물었더니, 그 학교의 운영위원장이라고 했다. 댁으로 전화를 걸었더니 부재중이어서, 하는 수 없이 그곳 직원에게 금일봉을 봉투에 넣어 전했지만, 잘못되어 전해지지 않은 것 같다.

나도 같은 교직에 있으면서 애들로부터 당할 기회가 많았겠지만, 애들이 잘 봐주어서 고비고비를 무사히 잘 넘겼다. 늘 선생님이 저희들에게 당했던 그 어려움을 귀감삼으며 산 덕에 고경(苦境)을 잘 넘기며 살았다. 지금은 타계하신 지 오랜 지라 어찌 할 길이 없지만, 가끔은 미안한 마음에 누흔(淚痕)이 눈가를 적신다. 지면으로나마 깊은 용서를 빈다.

사람은 망각의 동물이다. 시간은 위대한 의사라고 한다. 시간이 흐르면서 서서히 회한의 흔적은 아물어져 간다. 남편이 죽으면 아내도 따라서 죽을 것 같은 격정(激情)도 서서히 잊혀져 사라진다. 그 담임 선생님에 대한 아픔도 서서히 가시고, 지금은 되레 존경심이 그 자리로 바꾸어 들어간다.

다른 한 분의 선생님이 계신다. 성함은 조 기수 선생님이시다. 내가 고등학교에 다닐 때 물리를 가르치셨던 선생님이시다. 순진무구(純眞無垢)하다는 표현이 옳을 만큼 아주 선하고 점잖으신 분이셨다.

내가 순천고등학교로 첫 발령을 받아 갔을 때의 일이다. 내가 오는 것을 지상 보도로 알고 계셨던지라, 내가 학교에 들어서자마자 다른 데로 갈 것 없이 자기 집으로 가자고 했다. 그렇게 했다. 방이 두 칸으로 아랫방과 윗방이었다. 밤이면 아랫방으로 내려가 주무시라고 해도 소용이 없었고, 나와 같이 윗방에서 주무셨다. 나 때문에 사모님과는 독숙공방(獨宿空房)을 한 셈이 되었다. 한 달이 차기를 기다려 하숙집을 구해서 나왔다. 그 후 사모님께서 제 하숙집에까지 오셔서 베개를 내 방에 넣으시며, “정 선생, 여기 베개 놓고 가네.”라 하고 가셨다.

그 선생님과 나와의 기억할만한 관계는 그것뿐이다. 같은 학교에서 근무했지만 머릿속에 남아 있는 기억이라고는 없다. 그 때 그 선생님은 교무과장의 직분을 맡고 계셨던지라 늘 바쁘셨다. 매일 학교에서 뵈었지만, 특별한 관계는 없었고 그냥 인사 정도를 주고받으며 지냈다.

그 뒤 어디로 전근을 하신 것 같은데 전혀 기억이 없다. 나야말로 참 무심한 사람이다. 스승과 제자가 한 직장에서 만나기가 어려운데, 그런 좋은 관계를 무심한 관계로 끝냈으니, 나야말로 참 나쁜 사람이다. 참 잘못했다는 생각이 들 때마다 마음이 아프다. 다른 곳으로 떠나가시면서 나를 원망하셨겠다는 생각이 든다. 나처럼 아둔한 사람이 지금껏 세상에 뿌리를 내리고 살고 있다는 게 이상한 일이다.

옛말로 뛰어난 제자를 고제(高弟)라고 하고, 고족제자(高足弟子)라고도 한다. 안연(顔淵)이 죽었을 때 공자가 통곡하여 극도로 마음 아파할 때, 한 제자가 "과히 상심마사이다."라고 말했다. 공자가 "내 삼심이 지나치냐? 이 사람을 위하여 통곡하지 않고 누구를 위하여 통곡하겠느냐."(論語/先進)

안연은 학문적으로 고제라 할 만큼 우수했고, 인간적으로 우수한 제자여서 공자가 그의 죽음을 통곡했으리라 믿는다. 나 같은 사람은 이것도 저것도 아니고, 그저 어중간(於中間)한 정도의 제자도 못되니, 참 부끄럽기 그지없다.

내 스승이 되어 평생을 살았지만, 그저 글자나 가르쳤을 뿐이고, 그것도 익힌 것이 얕아 제대로 깊은 것을 가르치지도 못했다. 경서(經書)를 가르치는 스승은 만나기 쉽고, 사람을 인도하는 스승은 만나기 어렵다(司馬光/資治通鑑)고 하였지만, 나는 경서뿐만 아니라 사람인도는 더군다나 못했으니, 교육의 길에 들어서서 교육한 것이 아니고 교육을 어질러놓은 것이 아닌가 하는 생각이 든다.

내가 모셨던 스승님들은 지금쯤은 다 타계하고 안계시지만 살아생전에 잘하지 못한 서운함이 나를 가끔 외롭게 한다. 행한 대로 거둔다 하였다. 내 잘못한 일이 많은데도 오래 살려 두어 살게 하는 것은, 모두가 철없을 때 행한 일이라 점지하여 주는 것이라 믿는다.

내가 고등학교 2학년이었을 때의 일이다. 교감 선생님이 나를 만나려 내 교실에까지 올라오셨다. 교실 밖에서 만나자고 하시기에 그렇게 했다. 대뜸 물어보시는 말씀이 두 선생님에 관한 것이었다. 두 선생님에 관한 좋지 않은 정보가 다른 학생들로부터 들어와서, 최종적으로 나에게 확인하려고 하시는 것 같았다. 그렇게 한 이유는 내가 우리 학급의 반장을 맡고 있었기 때문이다.

나는 원래 성품이 모질지 못한지라 남을 괴롭히는 이야기는 하지 않는다. 내 이야기만으로는 아무 일도 일어나지 않을 만큼 좋게 이야기하였다. 두 분 다 열심히 준비해서 가르치는 분들이고 강의 내용도 들을 만 하다고 하였다. 더 구체적으로는 한 분은 물리 선생님으로 혀가 짧은 듯하여 듣기가 좀 이상하기는 해도 수업내용은 아무 이상이 없고, 다른 한 분은 영어 선생님으로 열심히 가르치는 분이라고 했다.

다른 애들로부터 어떤 정보를 들었는지는 알 수 없으나, 그 두 분 중의 한 분이 그다음 날 쫓겨나게 되었다. 옷 보따리를 어깨에 메고 운동장을 지나 학교 밖으로 나가시는 뒷모습이 눈에 잡혔다. 가슴이 철렁 내려앉았다. 전적으로 내 잘못인 것 같아 가슴에 피멍이 드는 듯 했다. 어린 시절에 그런 비참한 모습을 보면서 세상의 비정함을 가슴에 새기게 되었다.

미국의 이름난 작가 나다니엘 호돈(Nathaniel Hawthorne)이 쓴 작품의 주홍 글씨(The Scarlet Letter)가 내 가슴에 새겨진 채 살았다. 헤스터(Hester)라는 여자 주인공이 자기 남편이 외국에 나가 있는 사이에 딤스데일(Dimmesdale)이라는 목사와 간음을 범하여 펄(Pearl)이라는 딸을 낳아 살게 되었다. 그 당시의 미국 동부의 사회적 통념이 간음을 범한 자는 A=Adultery(간음)라는 주홍글자를 가슴에 새기고 평생을 살아야 했다.

애이불상(哀而不傷)이라는 말이 있다. 그 선생님의 가슴에 철못을 박아버린 것 같아 죄인처럼 살았다. 늘 경계심을 가지고 산지라 나는 무사히 교직을 성직으로 여기며 살았다. 대학에서 강의하는 영광까지 누리게 되었지만, 그간 내가 잘하지 못한 회한은 가슴에 남아 나를 늘 외롭게 한다.

평화에 이르는 길

어쩌자고 다들 이러는지 모르겠다. 큰 나라들이 핵무기를 만들면 작은 나라들이 덩달아 핵무기를 만든다. 그걸 만드는 데 주야장천(晝夜長川) 혈안이 되어 있다. 하나만 터뜨려도 수십만 명을 죽이니 무섭기 그지없는 것이 바로 핵이다. 이것만 가지고 있으면 다른 놈들이 감히 넘보지를 못하니 가지고 있을 만도 하다. 내가 살기 위해서는 어쩔 수 없는 자위권적 수단이기도 하다.

이놈이 이것을 만들면 다른 놈은 또 다른 것을 만들고, 또 다른 것을 만들면 그보다는 더 큰 다른 것을 만드니, 경쟁도 무한 경쟁이고 확장도 무한 확장이다.

미국이 그러고 있고, 러시아, 중국, 프랑스, 이스라엘, 인도, 파키스탄, 영국, 북한이 핵을 가진 나라들이다. 이북이 핵이 있으니, 우리도 일본도 핵을 가져야 한다고 한다. 이렇게 번져나가다간 불원한 날에 핵 없는 나라가 없게 될 것이다. 단추 하나만 잘못 누르면 세계가 삽시에 불바다가 된다. 만들라 하면 우리도 만들 수 있다. 이북은 3대 수십 년에 걸쳐 만들었지만 우리는 6개월 정도면 핵 그 이상의 것도 만들 수 있다고 한다. 경제력도 넘치고 기술도 넘친다. 이러다간 인류 공멸의 날이 올는지도 모른다.

제2차 세계대전 때 히로시마의 인구 35만 명 중에 15만이 핵 한 덩어리에 갔다. 1945년 8월 14일 무더운 여름철에 15만 명의 몸에서 흘러내린 피가, 히로시마시의 중심부를 흐르는 강물을 붉은 선혈로 물들였다.

미국의 한 종군기자가 쓴 '히로시마의 비극'(The Tragedy of Hiroshima)이라는 책의 주인공인 나가고가 용케도 살아남았다. 직장에서 돌아와 찬물로 얼굴을 씻으며 "아 참 시원하다"고 말하며 머리를 뒤로 젖히자 머리가 다 빠져 민둥머리가 되었다.

만약 지금 서울 한복판에 핵을 던지면, 70만 명 이상의 사람이 일거에 가는 참상이 일어난다고 한다. 7,8개만 동시에 던져도 서울은 불바다로 초토화돼버릴 것이다. 이 세상에 그 어떤 것도 추종을 불허하는 무서운 것이 핵이다. 핵은 살상의 왕자요, 인류 공멸의 초능력자다.

미국은 제2차 세계대전 말기에, 비록 일본이 핵의 공격을 받는다 해도 전쟁 수행능력은 18개월 이상 지속할 것이라고 믿었지만, 핵 공격을 받은 그다음 날 일본 천황은 인류의 수인(囚人)인 양, 처량한 목소리로 항복선언을 했다. 히로시마의 인구 15만 명의 무고한 생명이 화염에 휩싸여 신음하며 죽는 모습은 과히 단말마적인 대 참상이었다.

이렇게 무서운 것을 왜 만드는지, 먼저 만들어 먼저 던지면 살아남을 것이라고 할는지 모르지만, 그런 자들을 주변의 나라들이 가만 놔두지 않을 것이다. 핵무기를 머리 위에 이고 살아가는 것도 무서운 일이고, 핵무기를 가진 나라들이 계속 늘어나는 것 자체가 무서운 일이다.

세계의 모든 국민들이 지금껏 가지고 있는 것보다 몇십 배의, 강력한 파괴력을 가진 핵이 지구상의 어떤 지점으로부터 수분 또는 수십 분의 거리에 존재한다면 공포와 불안의 원인이 아닐 수 없다.

내가 가지고 있으면 남이 침범하지 못한다 하여, 너도나도 핵을 갖기를 원하면, 핵 군비는 날로 확장되고 그 경쟁의 도(度)는 하늘 높은 줄 모르고 치달을 것이다.

무기는 평화를 가져온다(Arms carry peace.)는 말이 있다. 세계가 세력 균형을 가져오는 것은 핵 때문이라고도 한다. 그러나 핵을 가지고 싸우다간 인류 공멸의 불행을 겪는다. 설령 핵을 가지고 있다고 해도 영원히 쓰지 못하는 불용의 무기가 되도록 해야 한다. 핵이 영원한 불용의 무기가 될 때, 핵무용의 필요를 느끼게 될 것이다. 그 많은 돈을 들여 핵무기를 만들 필요를 느끼지 못할 때, 지구는 핵의 위험으로부터 해방될 것이다.

지금 핵이 있는 나라들은 완전한 핵 폐기에 힘을 써야 하고, 영원한 핵 동결의 약속을 전 인류 앞에 엄숙히 선언해야 한다.

수무촌철(手無寸鐵)이라는 말이 있다. 손에 아무런 무기도 가지지 않는 것을 말한다. 그러기가 무척 어렵지만, 전 인류가 인류의 대의(大義) 앞에 대동단결의 결의를 해야 한다. 사람이 만든 것에 의해서 사람의 생명이 위협당하는 일이 없고, 온 지구촌이 평화의 햇살이 화사하게 내리쪼이는 곳이 되기를 기원한다. 이 작은 소조(小鳥)의 기원이 지상 만인의 기원이 되기를 간절히 기원한다.

"온유한 자는 복이 있나니, 이 땅을 기업으로 물려받을 것임이요."(마태복음 5:5) 라고 했다. 이 땅을 지배할 자는 대포알이나 총알이 아니요, 온유함이다. 온유함이 이 땅을 기업으로 물려받을 날이 오기를 기원하며 이만 줄인다.

느린 것을 두려워 말고(不怕慢)
가만히 서있는 것을 두려워하라(只怕站)

어디를 가더라도 자기의 걸음걸이로 가야 하고, 달리더라도 자기 힘에 맞게 달려야 한다. 그렇지 않다간 큰 일이 일어난다.

옛말에 욕속부달(欲速不達)이라는 말이 있다. 빨리 가고자 하면, 목적하는 곳에 이르지 못한다는 뜻이다. 자기 보조(步調)란 자기 힘에 맞는 페이스(pace)를 말한다. 뱁새는 뱁새의 걸음으로 가야 하고, 황새는 황새의 걸음으로 가야 한다. 뱁새가 황새걸음으로 걷다간 가랑이가 째지는 불행을 겪는다.

젊은이가 늙은이처럼 힘없이 걸어도 보기 흉하고, 늙은이가 젊은이의 흉내를 냈다간 반의반도 못 가서 힘이 소진된다.

느리게 가는 것을 두려워해서는 안 된다. 빨리 가다가 탈이 붙는 것보다는 훨씬 낫기 때문이다. 멀리 가려거든 여러 사람과 동행해서 가는 것이 좋다. 서로의 힘을 맞추고 보조를 맞춰서 가는 길이기 때문이다. 먼 길을 빨리 가다간 필연 탈이 붙는다. 먼 길은 조금씩 힘을 풀어서 가는 길이다. 높은 산에 오르는 자가 처음부터 역발산(力拔山)의 기개로 가서는 안 된다. 그러다간 정상정복의 꿈은 무산되기 때문이다.

빨리 하는 일에 결함이 많다. 공부도 평생을 통해서 해야지 젊었을 때만이 해야 한다고 생각해서는 안 된다. 평생을 통해서 해야 하고 그래야만이 대성(大成)을 거둔다. 예술품의 대작도 말년에 나오고, 모든 것은 꾸준히 심혼을 기울여 만들 때 만인의 심금을 울리는 것이 나온다. 청년은 열정으로 살지만, 노년은 원숙과 지혜로 산다. 느린 것을 두려워할 일이 아니요, 꾸준히 하지 못함을 두려워해야 한다. 그쳐야 할 때 그쳐야지 그러지 못하고 행하다간 하던 일이 잘못되는 불운을 겪는다.

그간 꾸준히 글을 써왔지만, 이젠 그쳐야 할 때가 왔다. 그쳐야 할 때 그칠 줄 알아야지, 자기의 분수도 헤아리지 못하고 행하다간 말년에 크게 망신을 살 수도 있다. 자기 망상(妄想)에 빠지면 글 같지 않은 것을 써놓고 글이라고 할 수도 있기 때문이다. 서서히 행하되 열심히 행하면, 언젠가는 기쁨의 서운(瑞運)이 트여올 것이다. 느린 것을 두려워 말고 가만히 서 있는 것을 두려워해야 한다. 가만히 서 있는 것은 정지요, 단절이다. 무슨 일이든 시작했으면 해야 하고, 적은 이유를 구실삼아 정지해서는 안 된다. "가다가 중지 곧 하면 아니 감만 못하니라." 하였다. 열심히 일했으면 잠시 쉬어갈 수는 있어도 영원히 정지해서는 안 된다.

농사를 짓다가 힘들다고 그만두면 우선은 곳간이 비고, 집을 짓다가 그만두면 한 데서 잠을 자야 한다. 벗과의 사귐에는 믿음이 중요하지만(朋友有信), 자기의 적은 이익 때문에 믿음을 저버리면 서로 간의 사귐이 끊어진다.

언젠가 어느 여인으로부터 전화가 걸려왔다. 전화를 걸자마자 울기 시작했다. 한참을 울더니 이렇게 이야기했다. 자기 남편이 오래전부터 사겨오던 여인에게로 아주 가버렸다고 했다. 아이들의 양육을 비롯하여 살길이 막연하여 거리를 방황하기도 하고, 죽을 생각까지도 했다고 했다. 그러다가 어느 날 도서관에 들러 내가 쓴 책을 발견하여 읽게 되었노라고 했다. 처음부터 끝까지 다 읽었다고 했다. 글귀 속에 길이 있다고 생각되어 저자인 나에게 전화를 걸었다고 했다.

"선생님! 운명이란 있는 것입니까?" "있다고 생각되면 있고, 없다고 생각하면 없습니다. 당신은 '나에게는 운명 같은 것은 없다'고 생각하십시오. 앞으로 운명 같은 것이 닥쳐오면 당신의 명운을 걸고 싸워 이기십시오. 져서는 안 됩니다. 길을 가로막고 비켜서서도 안 됩니다. 희망을 가지십시오. 희망은 아무리 어려운 일도 쉽다고 가르치고, 절망은 아무리 쉬운 일도 어렵다고 가르칩니다." "알았습니다. 선생님 감사합니다."로 전화는 끝났다.

하마터면 큰일 날 뻔했다. 한 가정이 해체의 위기에 빠질 뻔했다. 세상의 모든 불행 중에 한 가정이 처한 불행보다 더 큰 불행은 없다. 한 여인의 영혼을 구한 것 같은 느낌이 들었고, 그 여인의 가정을 구한 것 같은 느낌이 들어 기쁨이 컸다. 흐르는 물은 흐르게 해야 하고, 물이 정지해 있으면, 썩은 물이 되어 아무 쓸모없는 물이 된다.

유수불부(流水不腐)라는 말이 있다. 흐르는 물은 썩지 않는다는 뜻이다. 사람의 몸도 물처럼 늘 흐르게 해야 굳지 않고 건강한 몸이 된다.

빨리 뛰어야 살 사람이 느리게 뛰면 안 된다. 운동선수는 빨리 뛰어야 하고, 시간에 쫓기는 사람은 뛰어서라도 가야한다. 세상일을 할 때 느린 것을 두려워해서는 안 되고, 좀 늦더라도 좋으니 쉬지 않고 가야 한다. 서 있는 것은 일의 단절과 포기하는 것이 될 것인 즉, 서 있지를 말고, 조금씩이나마 가기를 계속해야 한다. 느린 것은 결코 두려워할 일이 아니기 때문이다.

不怕漫(불파만) : 느린 것을 두려워 말라.

只怕站(지파참) : 가만히 서 있는 것을 두려워하라.

건망증 유감(有感)

건망증은 주로 나이가 많은 사람에게서 일어나는 증상이다. 아무래도 젊은이들에게는 잘 일어나지 않는다. 나도 나이가 많아서 그런지 가끔 그런 증상이 나타나 나를 웃게 만든다. 무엇을 하려고 했다가도 곧 잊어버리고, 다른 일을 하는 경우가 많다. 그런 현상이 요즘에 부쩍 늘었다. 어떤 때는 밖에 나가 한참을 가다가, 잊어버린 것이 생각나면 다시 집으로 돌아와 가지고 나간다. 허소(虛笑)를 지어보지만 어찌할 길이 없다.

어떤 때는 보는 사람의 이름이 생각나지 않아 한참을 힘들어하고, 말을 하다가 다음 말이 생각나지 않아 말이 끊기기도 한다. 지금껏 알고 있었던 어휘들이 갑자기 생각나지 않아 미간(眉間)을 찌푸리며 알아보려고 하지만 허사다. 이런 일이 부지기수이고, 날이 갈수록 빈도수가 잦으니, 이러다가 완전히 막히면, 어찌하겠는가. 만인이 가는 길을 따라가야 한다.

언젠가 부모님 추도(追悼)모임에서의 일이다. 집안 동생에게 개회기도를 하라고 했더니 못한다고 했다. 왜 그러느냐고 했더니, 다음 말이 끊기니 못한다고 했다. 종이에다 써서 하라고 했더니, 어떻게 그렇게 하느냐고 했다. 안 하겠다고 하는 것을 억지로 하라고 할 수가 없어서 달리 대체(代替)를 했다.

집안에서 변소에 간다고 해놓고는 엉뚱한 곳으로 가기에 어데로 가느냐? 변소에 간다고 했지 않느냐? 내가 알고 있는 한 지인에게 있었던 일이다. 불원(不遠) 나에게도 있을 수 있는 일이고, 세상 모든 사람이 겪어야 할 일이어서, 나무랄 일이 결코 아니다.

얼마 전의 일이다. 어느 한 수학 교수가 정년이 가까웠을 때의 일을 실토하는 것이었다. 강의 준비를 집에서 두어 번 하고, 학교에 나와 강의실에 들어가기 전에 또 한 번 하고 들어간다고 했다. 칠판에다 수학문제를 풀어가는데, 학생들이 이구동성(異口同聲)으로 "교수님! 끊겼습니다. 이상해졌습니다." 하더라는 것이었다. 그렇게 철저하게 그야말로 물샐틈없이 대비를 했는데도 일이 그렇게 되었노라 고소(苦笑)를 지었다. 무심한 구름만 그저 흐를 뿐 무슨 묘수가 있겠는가?

어느 한 교수가 정년퇴직을 할 무렵이었다. 학과 교수들이 자기에게 과목 하나를 배당해주며 가르쳐보라고 했다. 퇴직하면 할 일도 없고, 무료할 터이니 그렇게라도 해서 퇴직 후에 찾아오는 공허(空虛)를 메꾸어보라고 했다. 그 사실을 가족들에게 이야기했더니 참 잘 되었다고 모두가 기뻐하더라고 했다. 교무처에 신청을 해야 한다며 나에게로 왔다. 일언지하(一言之下)에 거절을 해버렸다. 그놈의 강의를 수십 년 하고도 물리지 않느냐! 그만하시고 집에 가서 편히 쉬라고 했다. 정년퇴직은 쉴 때가 되었으니 쉬라고 하여 있는 것 아니냐? 미련 버리고 가서 쉬라고 했다. 학과 교수들이 하라고 해서 허락한 것을 당신이 뭐라고 그걸 못하게 막느냐고 했다. 그 뒤로 그 교수와 나와는 그렇게 좋게 지내던 사이가 끊기고 말았다. 속된 표현으로 원수가 되어버렸다. 언로(言路)가 막히고 견원지간(犬猿之間)의 매우 껄끄러운 사이가 되었다.

퇴직하고 나서 얼마 후에 그 교수가 나를 찾아왔다. 미안하다고 했다. 당신 말이 맞다고 했다. 집에 가서 쉬어보니 그렇게 좋더라고 했다. 강의 준비를 할 필요도 없고, 애들 앞에서 쩔쩔매는 일도 없고, 그야말로 자유만세를 구가하면서 산다고 했다. 가족들과 어울려 재미있게 살고, 여행도 하고, 맛있는 음식도 사먹고, 이렇게 좋은 세상이 있는 줄을 몰랐다고 했다. 당신은 역시 현명한 처장이고, 형안(炯眼)이 밝은 사람이라고 했다. 그렇게 해서 균열(龜裂)이 난 옛정을 다시 잇게 되었다.

지금 나는 건망증 이야기를 하고 있다. 건망증은 세월이 흐르면서 생기는 세월의 여적(餘蹟)이다. 세월의 여적이 이렇게 무서운 줄을 누가 알았겠는가. 핵으로 무장하고 이를 막으려 해도 막을 길이 없다. 아무리 그래도 치매라고 하는 악종에게는 걸리지 말고, 사는 날까지 열심히 하며 살기를 바란다. 인간도정(人間道程)이 그런 것을 어찌하겠는가. 원망해도 아무 소용이 없고, 순순히 화합하여 살길을 모색하며 살아야 한다.

건망증이라는 제하(題下)의 글을 이전에도 썼다. 그런 줄도 모르고 한참을 써 내려 가다가 생각해 보니, 쓴 것이 분명한 것을 알게 되었다. 그러나 어찌하겠는가. 제목은 같아도 내용을 달리 썼으니, 나의 이런 처지를 널리 해량(海量)하여 주기 바란다.

정신을 꽁무니에 달고 다니는지, 아니면 까마귀 고기를 먹어서 그러는지 자주 잊는다. 내가 쓴 글의 제목도 깡그리 잊고, 그 내용을 읽고서야 비로소 내가 쓴 글인 것을 알게 된다.

슈베르트라는 악성(樂聖)은 자기가 쓴 곡을 잊어버리고, 이 곡은 누가 썼는지는 모르지만, 기가 막히게 잘 쓴 곡이라고 극찬을 했다. 그런데 기실은 그 곡은 2주 전에 슈베르트 자신이 쓴 곡이었다. 세계의 이름난 명인들의 건망증에 관한 이야기가 전해지지만, 지면 관계상 이 정도로 하겠다. 이름난 사람들이라 해서 이 불쾌한 대열에서 제외되는 것은 아니다. 이 건망증은 만인 공통의 피할 길 없는 길이니, 이 운명적 여정을 순순히 받아들여 잘 수용하며 살기 바란다.

과목불망(過目不忘)이라는 말이 있다. 한 번 본 것은 잊어버리지 않는 것을 말한다. 여러 가지 들은 말을 귓속에 담아 잊어버리지 않는다면, 이를 언유재이(言猶在耳)라 하지만, 만약 그렇게 된다면 불편하여 어찌 살겠는가. 자주 잊어버리는 것을 너무 원망하지 말고, 잊을 때가 되어서 잊는 것이라 생각하며 살 수 있으면 좋겠다는 생각을 하면서, 건망증 유감으로 몇 말씀 드렸으니 널리 해량하여 주기 바란다.

고종명(考終命)의 축복(1)

나는 습관의 노예다. 내가 지금 산수(傘壽)의 고비를 훨씬 넘기고도 건강하게 사는 것은, 전적으로 습관화된 생활 때문이다. 그런 생활이 아니었으면 진즉 어떻게 되었을는지도 모른다.

철학자 칸트는 어찌나 정확하게 아침 산책에 나서던지, 그가 지나가는 것을 보고 사람들이 시계를 맞출 정도였다고 한다. 나는 그렇게 정확하지는 못하지만, 미명(未明)에 집을 나서 한 시간여 동안 운동을 하고 들어온다. 이곳 여수의 한겨울의 아침 온도는 특별한 경우를 제외하고는 영하 5~6도가 최하의 온도다. 영하 11도로 내려갈 때도 있었지만, 그런 것에 조금도 상관하지 않고 늘 하던 대로 하던 일을 결행한다.

집에 돌아와서 15분 정도 스트레칭을 하고, 몸을 씻고, 아침 식사를 한다. 아침 식사를 하고 나서 신문을 읽고, TV를 보고, 음악 프로도 빼놓지 않고 보고, 책도 읽고, 글도 쓰고, 필요하면 외출도 하고, 낮잠을 가볍게 즐기기도 한다.

건강의 비결 중에 소승다보(小乘多步)가 으뜸이라 하였다. 소승이란 차를 적게 타는 것을 말하고, 다보란 많이 걷는 것을 말한다. 어지간한 거리는 걸어서 가고, 걸어가면서 많은 상념에 젖고, 콧노래도 부르고, 그러다가 글 쓸 제목이 잡히면 맹렬하게 스케치를 한다. 하체가 강하니 상체가 강하고, 상체가 강하니 머리도 맑고, 오장육부도 비교적 튼튼하고, 종합검진에 걸린 것은 거의 없다.

겨울의 불청객인 감기의 올무에 걸릴 때도 있지만, 평소 하던 생활은 그대로 계속한다. 방안에 오래 드러눕거나, 밥의 양을 줄이거나 하지 않고, 정량을 섭취한다. 감기란 놈이 내 안에서 오래 머무를 채비를 했다가도, 그리고 이 지독한 노인을 공략하려 했다가도 견디지 못하고 백기를 들고 물러난다.

여름보다는 겨울이 더 좋다. 실내 공기를 상온으로 유지하고, 밖에 나갈 때는 돕바를 둘러쓰면 된다. 마스크를 하고, 두꺼운 모자를 쓰고, 장갑을 끼고 나가면 되레 상쾌하여 기분이 좋다. 감기에만 걸리지 않는다면 겨울 보내기가 그렇게 어렵지 않다. 여름의 무더위는 에어컨이라는 것이 있어서 좋지만, 조금 궁(窮)하면 선풍기를 틀어도 된다.

삼쾌(三快)라는 것이 있다. 첫째가 쾌식이요, 둘째가 쾌면이요, 셋째가 쾌변이다. 쾌식(快食)이란 밥을 쾌하게 먹는 것이요, 쾌면(快眠)이란 잠을 쾌하게 자는 것이요, 쾌변(快便)이란 변을 쾌하게 누는 것이다. 이 세 가지를 삼쾌 현상이라고도 한다. 삼쾌만 잘 이루어진다면, 병원엘 갈 필요가 없다. 이 세 가지 중 어느 하나에 이상이 있으면, 몸에 이상이 있는 것으로 알아야 한다.

TV에서 많은 건강정보를 얻는다. TV뿐만 아니라 그 외의 많은 것에서 건강정보가 쏟아져 들어온다. 그걸 다 외울 수는 없고, 꼭 그대로 실천하며 살 수도 없어서, 상식 정도로 대강 익히며 산다. TV에서 이야기하는 대로 몸을 과학적으로 관리하지는 않는다. 사실 그대로 따라 행하기가 어렵기 때문이다. 무슨 음식은 어디에 좋고, 무슨 음식은 어디에 해롭고, 혈압이나 당뇨는 어떻게 관리해야 하는 등… 많은 정보가 제공되지만, 내 몸에 상관이 있는 것을 제외하고는 거의 무관심하며 산다.

몸에 무슨 이상이 있으면 바로 병원으로 달려가 진찰을 받고, 약을 먹고, 또 아주 급한 일이면 119가 있지 않은가. 119는 움직이는 작은 병원이다. 119 안에는 1급 간호사가 있고, 날렵한 수송 요원들이 있어서 병원에까지 신속 정확하게 데려다준다.

나는 원래 부모님으로부터 타고난 체질이 좋은 것 같고, 아침 일찍 일어나 운동을 하고, 세끼 밥 잘 차려주어 먹고, 밥은 산해진미(山海珍味)가 아니고, 평범무비(平凡無比)한 소식(疎食)이고, 소식(小食)은 아니고 먹을 만치 먹는다. 잠은 밤 10시경에 잠자리에 들고, 아침 6시 경이면 꼭 일어나고, 밤 중에 한 두 차례 깨기는 해도 아침이면 쾌한 기분으로 일어난다.

몸은 편하게 해주면 더욱 편하려 하지만, 몸이 하자는 대로 하다간 몸을 망친다. 몸은 조금은 학대해서 다스려야 내가 하자는 대로 따라서 행한다. 이것이 나의 건강 비결이고, 평생을 그렇게 하며 산다. 다른 사람들은 얼마나 오래 살려고 저렇게까지 하는가라고 할 터이지만, 고르롱 약골이 되어 사는 것보다는 낫다. 이러다가 밤새 연고의 변으로 고종명의 축복을 누렸으면 한다.

고종명의 축복이 무엇인지를 알고자 하면 다음 장의 '고종명의 축복(2)'를 읽어보기 바란다.

고종명(考終命)의 축복(2)

몸이 건강하지 않으면 마음도 건강하지가 않다. 양자는 불가분(不可分)의 상관관계를 가지고 있다. 나는 습관의 노예라 할 만큼 아침 운동은 빼놓지 않고 한다. 어떤 사람들은 나를 독종이라 할는지 모르지만, 그렇게 독한 마음이 필요가 없다. 왜냐하면 시간이 되면 저절로 일어나 시간에 밀려 나가기 때문이다.

앓아보아야 건강의 소중함을 알지만, 앓지 않고서는 내 몸이 보배인 것을 모른다. 어떤 이익에만 몰두하다가 건강을 잃었다면 그보다 더 잘못한 일은 없다. 건강은 한가지이지만 그 한 가지가 천만 가지의 병을 물리친다. 건강을 잘 유지하는 것을 생리학적인 도덕이라고도 한다. 건강 유지에 심혈을 기울인다면 필연 건강한 몸을 갖게 된다. 건강을 잃으면 아무리 좋은 재능도 무용한 것이 되고, 나 자신과 가정과 이웃과 세상 모든 것을 잃는다.

채근담(菜根譚)에 나와 있는 글귀를 여기에 소개한다.

"보지 못하는 소경이나, 듣지 못하는 귀머거리를 보았을 때, 당신은 듣고 볼 수 있는 자신의 건강을 고맙게 생각할 일이다. 그러나 보고 듣는 그 문으로 반드시 행복한 것만이 들어오는 것은 아니다. 보았기 때문에 괴로움을 얻고, 들었기 때문에 불행한 유혹에 끌리는 일이 수없이 많다. 귀와 눈으로 불행의 씨가 들어가지 않도록 경계해야 한다. 경계할 것은 남의 눈이나 귀가 아니라 내 자신의 눈과 귀일 것이다. 그리고 남의 심정을 경계하기보다는 내 마음속에 움트는 나쁜 정념(情念)을 경계할 일이다. 이목(耳目)과 견문(見聞)이 나를 괴롭히는 내 원수인 것이다."

채근담의 글귀는 언제 읽어도 좋다. 언제 읽어도 우리의 마음을 편안하게 감동시킨다. 우리의 마음속에 나쁜 정념이 들어오지 않도록 경계해야 한다. 나쁜 정념이 마음속에 자리 잡기 시작하면 몸도 마음도 다 무너진다.

가정 안에서 가족들과 다투는 일이 없도록 하고, 가정 밖에서도 분쟁에 휘말리는 일이 없도록 해야 한다. 분쟁의 중심에 서면, 세상의 소요에 휘말려 세상을 어지럽게 한다. 상대방을 미워하면 나도 모르는 사이에 악한 사람이 되어 있는 것을 알게 된다. 마음이 약해지면 건강도 날로 약해져서 세상 살기가 힘들어진다. 성스럽기 전에 먼저 건강해야 한다는 말이 있다. (A man must be healthy before he can be holy.) 마음의 건강도 중요하지만, 몸의 건강 또한 못지않게 중요하다.

입이 차고 다리가 따뜻하면 장생(長生)한다는 말이 있다. (Keep the mouth cool and the feet warm.) 입을 조심하고, 다리를 단련하여 다리에 온기가 있게 하면, 분명 장수의 축복을 누린다는 뜻이다. 입을 잘못 놀렸다간 설화(舌禍)를 입고, 설화를 입으면 마음의 상처가 클 터인 즉, 침묵이 금이라는 옛말을 늘 상기하며 살아야 한다.

동생이 의사였던 형에게 찾아가서, 진찰을 받으러 왔다고 했다. 그러나 형은 자기는 이제 의사가 아니라고 했다. 하지만 형은 의사였지 않았느냐고 했다. 그러면 어디가 아파서 그러는지 말해보라고 했다. 어디가 두드러지게 아픈 건 아니지만, 늘 피곤하다고 했다. 그럼 일을 하라고 했다. 그러나 일하기가 힘들어서 못 한다고 했다. 네 자신을 너무 지나치게 위하면 그러는 거니, 어쨌든 일을 해야 한다고 했다.

무위도식(無爲徒食)하며 날마다 노는 사람에겐 건강의 축복은 없다. 일과 운동은 움직인다는 의미에선 같은 개념이다. 늘 움직이는 사람에겐 병은 얼씬거리지 못한다. 열심히 일하고 충분한 휴식을 취하며 사는 사람들에겐 건강과 마음의 평정을 준다.

나태는 만악의 근본이다. 나태한 자는 식욕을 잃고, 식욕을 잃으면 세상을 살 힘을 잃는다. 열심히 일하고 기쁘게 사는 사람들에게만 세상을 사는 기쁨과 행복을 준다.

오복(五福)이라는 것이 있다. 수(壽), 부(富), 강녕(康寧), 유호덕(攸好德), 고종명(考終命)이 곧 그것이다. 수는 적당한 수명이요, 부는 빈곤하지 않고 배부르게 먹고 사는 것이요, 강녕은 건강한 것이요, 유호덕은 남에게 덕을 베푸는 것이요, 고종명은 죽을 때 큰 고통을 겪지 않고 편안하게 죽는 것을 말한다.

부귀영화를 누리고 살았다 해도, 죽을 때 천하게 죽거나 오랜 고통을 겪으며 죽으면, 잘 살았다 하지 않는다. 나는 지금껏 호사를 누리며 살지는 못했다 해도 별 탈 없이 살았고, 모진 세상사에 그렇게 크게 시달리며 살지 않았으니 감사할 일이다. 이제

마지막으로 죽는 일이 남아 있지만, 오랜 병고나 다른 어려움에 시달리다 죽으면, 이런 고통을 단말마적 고통(斷末魔的 苦痛)이라고 한다. 제발 이런 고통은 말고 2,3일 고생하다가 잿불이 사라지듯 조용히 가면 이보다 더한 바람이 없다. 이것이 고종명의 축복이다. 이런 고종명의 축복이나 누릴 수 있기를 간절히 기원한다. 고종명의 축복을 누리는 것은 만인의 욕원이지만, 이 일처럼 어려운 일도 없다. 살아생전에 섭생에 유의하고, 늘 선한 마음으로 살고, 남을 도와주며 살면, 하늘의 은전으로 고종명의 축복을 점지하여 줄 것이라 믿으며 이만 줄인다.

제7부

임사이구(臨事而懼)

임사이구란 큰일에 임할 때 두려워할 줄 알고, 지혜를 모아 일을 성사시키는 것을 말한다. 뒷일은 생각지도 않고 마구 덤벼들어 행하다가, 일을 그르치는 경우가 많다. 큰일을 그렇게 행하다간 필연 큰 화를 자초한다. 일을 할 때는 그 일이 어떤 일이든 깊이 생각해 보고, 계획을 잘 세워서 차분히 행해야 한다.(臨事周詳)

금두(金頭) 물고기가 용에게 달려든다는 말이 있다. 자기 힘에 겨운 줄도 모르고 함부로 남에게 덤벼들어 화를 입는다는 뜻이다. 이런 것을 일러 만용이라고 한다. 만용(蠻勇)을 부리다간 필연 일을 그르칠 것인 즉, 잘 생각해서 신중히 행해야 화를 면할 수 있다. 그야말로 임사이구해야 한다.

정도무우(正道無憂)

정도무우란 정도를 걸으면 근심이 없다는 뜻이다. 근심 없이 살고자 하면 정도를 걸으라 함이다. 정도를 걷는 자 중에 근심에 시달리는 자는 그렇게 많지 않다.

어린 꼬마는 학교 가기가 두렵고, 학생은 공부를 잘못할까봐 두려움이 크다. 공부를 끝내고 나면 일자리 얻는 일이 걱정이고, 일자리를 얻고 나면, 짝을 만나 살 일이 걱정이고, 돈을 벌어서 집을 사고 아이들을 키워 가르치는 일이 걱정이다. 아버지는 아버지로서의 걱정이 크고, 어머니는 어머니로서의 걱정이 크다. 이 세상에 걱정 없이 사는 사람은 없고 걱정의 바닷속에서 살다가 간다.

돈이 많은 사람은 돈이 많은 대로 걱정이 크고, 돈이 없는 사람은 없는 대로 걱정이 크다. 번듯이는 차를 몰고 다닌다 해서 걱정이 없는 것이 아니다. 산해진미를 먹고 산다고 해서 걱정이 없는 것이 아니고, 능라주의(綾羅紬衣)로 몸을 감고 다닌다 해서 근심이 없는 것은 아니다. 우리는 근심의 바닷속에서 살고 그래서 인생을 고해(苦海)라 하지 않던가.

오늘은 건강하지만 내일은 어떻게 될지 모르고, 밤새 연고의 변이 어떻게 밀어닥칠지 모른다. 병마와 싸우고 있는 자는 언제 죽을지 모른다는 두려움 속에서 살고, 소생의 길이 트이지 않으면 세상과의 별리(別離)의 불행을 겪어야 한다.

언젠가 한 지인으로부터 전화가 걸려왔다. 88세라고 했다. 청춘이 언제 흘러갔는지는 흔적조차 없고, 남아 있는 것이라고는 노태에 찌그러진 노구(老軀)이고, 튼튼한 곳이라고는 한 군데도 없다. 걸음걸이도 시원찮고, 먹는 음식의 맛을 잃은 지도 오래되었다고 했다. 아내도 똑같은 처지라, 한 집에 똑같은 사람이 둘이니 그런대로 우접이 된다고 했다. 둘이 서로 돕고 의지하며 사니, 이게 해로동락(偕老同樂)이겠다 싶어 서로를 귀하게 여기며 산다고 했다. 고통 중에 한 줄기 낙이라면 낙이라고 했다. 이렇게 살다가 한 사람이 먼저 가면, 혼자 사는 외로움이 클 것 같다고 했다. 갈 때가 되면 가야 하지만, 죽음의 고통을 어떻게 참아낼지 그것이 고통이라고 했다.

기왕 이 세상에 왔으니 살 만치 살아야 하고, 먹을 것이 없어서 배가 고프게 살아서는 안 되고, 사는 동안 약골 병인이 되어 살면 사는 재미가 없고, 돈을 벌었으면 혼자만 호의호식하며 살 것이 아니요, 옆에 있는 사람들에게 베풀며 살면 세인의 칭송이 자자할 것이고, 죽을 때 2, 3일 고생하다 죽으면 종명(終命)을 잘했다 하여 복인이라 일컬을 것이다.

아무리 부귀영화를 누리며 잘 살았다 해도, 죽을 때 잘 죽지 않으면 잘 살았다 하지 않는다. 객지를 헤매다가 객사(客死)하거나, 의식을 잃은 채 수십, 수백 일을 병상에서 고생하다가 죽으면, 복인의 반열에 들지 못한다. 죽을 때 고생하지 않고 죽는 고종명(考終命)의 복을 누리기를 원하지만, 아무나 누리는 복이 아니다. 세상을 위해 유효덕(攸好德)의 덕을 베풀어야 하늘이 그런 복을 점지해 줄 것이다.

어떤 분이 우리 모임에 찾아왔다. 자기는 어느 자리에 입후보한 사람이고, 잘하겠으니 한 표를 부탁한다고 했다. 우리 모임에까지 들어왔으니, 우리가 먹는 밥이나 먹고 가라고 권했더니 감사하다며 그렇게 했다. 밥을 먹는 중에 이런저런 이야기가 나왔다. 당선이 되어 시정(市政)을 베풀게 되면, "백성은 가난한 것을 탓하는 것이 아니요(民不患貧), 고르지 못한 것을 탓한다(患不均)"고, 어느 회원이 말했다.

백성들은 자기가 가난한 것은 자기의 분복(分福)이라고 생각하지, 그것을 나라의 탓으로 돌리지는 않는다. 그러나 백성이 탓하는 것은 고르지 못하게 시정을 베푸는 것이라고 했다. 내가 아는 사람이니 후하게 해주고, 내가 모르는 사람이니 하대(下待)하는 하후하박(何厚何薄)의 시정을 베풀어서는 안 된다고 했다. 만약 주머니를 차고 하다간 그 순간부터 근심이 일고, 잘못하다간 그 자리를 지키지 못하는 불행을 겪는다고 했다. 떠날 때 피눈물을 흘리지 말고 알아서 잘하라고 했다.

그분이 자리를 떠나려 할 때, 우리가 당신에게 좀 심한 말을 했지만, 잘하라 하여 한 것이지, 당신이 미워서 한 것이 아니다. 우리가 평소에 당신과 알고 지내는 처지도 아니니 당신을 미워할 이유가 없다. 성공하길 바란다고 했다.

근심 없이 살려고 하면 정도를 걸어야 한다. 정도를 걸으면 근심이 없고, 실족하는 일이 없다. 정도정행(正道正行)은 우리가 바른길을 걷도록 하고, 세상의 미혹에 빠지지 않게 하고, 악에 빠져 고통받는 일이 없도록 하니 꼭 그렇게 하며 살기 바란다.

만사는 다 정해져 있지만(萬事皆有定)
부생은 헛되히 바쁘더라(浮生空自忙)

같은 마을에 살았던 한 아가씨와의 정혼(定婚) 이야기를 하려고 한다. 60여 년 전에 있었던 이야기지만 아직도 기억은 생생하다. 이 글을 쓰는 데 조금의 어려움이 없다.

저의 아버님과 저쪽의 부친은 죽마고우라 할 만큼 막역한 사이였다. 아버님은 농촌 필부이기는 했어도 주경야독(晝耕夜讀)으로 글을 익힌지라, 말씀에 논리가 서고 주변을 압도하는 카리스마도 있으셨다. 저쪽 부친은 신언서판(身言書判)이 바르고, 면장까지 하신 지라 지방의 유지로 통하는 분이셨다. 여러 면에서 우리 집과는 차이를 느끼게 하는 집이지만, 귀천을 뛰어넘는 우정으로 지내셨다.

양쪽이 결혼 정년에 이르고 있었던지라, 양가 부모들 사이에서 결혼 이야기가 오고갔다. 누가 먼저 꺼냈는지는 모르나 일사천리로 진행되어 부모님들 사이에서 정혼이 이루어졌다. 전적으로 구두로 이루어져서 법적인 구속력은 전혀 없었다. 양가 부친들의 지내는 정분으로 보아 타의(他意)가 게재될 여지가 없었겠다는 생각이 든다. 일이 이렇게 되었다는 말을 아버님으로부터 들었지만, 그 후 오랫동안 후속 진전이 없었다. 그사이에 나는 한 도시의 고등학교 영어 교사로 근무하고 있었고, 그 아가씨는 다른 도시의 중학교 수학 교사로 근무하고 있었다.

직장 일에 밀리며 살다 보니, 나도 모르는 사이에 시간이 꽤 흘렀다. 정작 당사자인 내가 할 일이라는 생각이 들어 그 아가씨에게 편지를 썼다.

양가 부모님들의 결정을 존중하고 싶고, 그렇게 살면 축복을 받아 잘 살 수 있을 것이라는 생각이 든다고 썼다. 또 아가씨에 대한 나의 감정은 좋고, 서로를 잘 아는 처지이니 좋고, 잘 맞추어 살면 큰 어려움 없이 잘 살 수 있을 것이라는 생각이 든다고 썼다. 단지 그쪽이 나에 대한 감정이 어떠한지를 알고 싶으니 답하여 주기 바란다고 썼다.

그 후 이상한 생각이 들기 시작했다. 만약 저쪽에서 나에 대한 생각이 좋지 않으면 답장을 쓰기가 어려울 것이라는 생각이 들어서 그 편지를 가지고 다니다가 없애버렸다.

60성상이 일순으로 흘렀다. 이제야 그때의 생각이 나서 글을 쓴다. 구름은 바람 따라 흐르고, 사람은 세월 따라 흐른다. 세월이 아무리 흘러도 꽃은 똑같은 꽃으로 피지만, 세월이 흐르면 사람은 같은 사람이 아니더라.(年年歲歲花相似 歲歲年年人不同) 그간 세월 따라 흐르다 보니 백발은 삼천 장이 되었고, 몸은 이지러져 튼튼한 데라고는 없다.

지금의 젊은이들이 이 글을 읽으면 박장대소(拍掌大笑)할 일이지만 그 당시는 그렇게 굼뜨게 일을 했다. 지금이면 전화 한 통화면 되고, 카톡에 메시지 한 줄이면 될 일이다. 아무리 그래도 남녀는 유별(有別)하고 남녀의 결합은 그렇게 쉽게 이루어지는 것은 아니다.

어느덧 산수(傘壽)의 고비를 훌쩍 넘겼다. 얼마 후면 90준령에 이르는 인생모년(人生暮年)에 이르렀다. 그렇게 많은 세월이 흘렀는데도 그간 어떻게 살았는지 그 아가씨에 대해 아는 바라고는 아무것도 없다. 그처럼 오랜 세월을 오다가다 한 번 쯤은 만날 수도 있었으련만, 두 사람 사이를 철벽처럼 차단시켜 버렸으니, 인세(人世)의 삭막(索莫)함에 어찌할 도리가 없다.

그간 어떤 사람을 만나 어떻게 살았으며, 아이들은 몇이나 낳아 길렀고, 시집 장가는 다 보냈는지, 지금 살아 있기나 하는 건지, 살아 있으면 어데서 살고 있으며… 알아보았자 아무 소용없는 일이지만, 사람이 때로는 옛 생각에 젖는 낭만에 빠지기도 한다.

그 많은 세월이 일순으로 흘러가 버렸지만, 느끼는 감회가 있다면, 사람이 이 세상에 태어나는 것은, 한 조각의 구름이 일어나는 것이요(生也一片浮雲起), 죽는 것은 그 한 조각의 구름이 사라지는 것이라(死也一片浮雲滅)는 생각이 든다. 인생의 황혼녁에 이르렀으니 한 조각의 구름이 되어 사라질 나이가 되었다. 마지막 남은 여력(餘力)으로 겨우 몸을 추스리며 가쁜 숨길을 몰아쉬며 살고 있다.

그 아가씨는 성품도 온유한 데다, 평생을 교직에 봉사하며 산지라, 가화성가(家和成家)는 그지없이 잘했으리라 믿는다. 지금 살아있으면 산수의 고비를 넘겨 마지막 가파른 인생여정(人生旅程)을 살고 있을 것이다.

나는 평소에 인연론에 주목하는 편이다. 인연이 있으면 어떠한 어려움을 극복하고라도 결합되지만, 인연이 없으면 능라주단(綾羅綢緞)으로 길을 깔아놓아도 안 된다. 그 아가씨와 나와는 인연이 없었던 것 같다.

만사는 길이 다 정해져 있지만, 사람들은 그 길을 찾지 못하고 헛되이 바쁘더라(萬事皆有定 浮生空自忙) 하였다. 내가 걸어왔던 그 길은 내가 가도록 정해져 있는 길이었다. 정해져 있는 길을 좌고우면(左顧右眄)하지 않고 살아왔던 것에 감사한다. 어찌 우여곡절이 없었겠는가만, 처음 밟았던 그 길을 놓치지 않고, 그 길을 내가 가야 할 길로 여기며, 인생의 대미(大尾)를 잘 장식하며 살 수 있었던 것에 깊은 감사의 염(念)을 표한다. 이만 줄인다.

신묘한 일들

사람에게는 누구나 족보가 있다. 시조(始祖)로부터 내려오는 후손은 세손(世孫)이라 하고, 자기의 파조(派祖)로부터 내려오는 후손은 대손(代孫)이라고 한다. 나는 영성정씨(靈城丁氏)의 21세손이고 부사공파(府使公派)의 15대손이다.

예수 그리스도의 세계(世系)는 아브라함으로부터 다윗까지 14대요, 다윗으로부터 바벨론으로 이거(移居)할 때까지 14대요, 바베론으로 이거한 후부터 그리스도까지 14대에 이른다.

아브라함으로부터 그리스도까지의 족보를 14대씩 삼등분하여 총 42대로 수록했다. 어찌하여 14대씩 등분하였는지, 그 의미가 무엇인지는 더 연구를 해봐야겠다. 하여튼 좀 신묘한 생각이 든다.

성서상으로 인류의 시조는 아담이었는데, 왜 아담으로부터 계산하지 않고, 아담으로부터 10대 후손인 아브라함으로부터 시작했는지는 이러하다. 아브라함은 주께서 영원한 성약을 맺은 주의 선지자였고, 이 선지자에게 내린 성약을 통해 지상의 모든 나라들이 축복을 받아 살도록 하기 위하여 그렇게 한 것이다.

그리고 성서상으로 바벨론에의 이거는 중대한 사건이다. 이스라엘에 솔로몬 왕이 이방 여인 700명을 거느리고 산지라 우상숭배에 빠졌고, 게다가 많은 궁전을 지어 국력이 극도로 소모된 지라, 지파 간에 내분이 일어나 북방왕국(이스라엘 왕국)과 남방왕국(유다왕국)으로 나뉘었고, 북방왕국 10지파는 앗수르의 침략을 받아 세계 도처로 흩어졌고, 남방왕국인 유다왕국은 바벨론에 의해 세 차례에 걸쳐 많은 귀족과 주민들이 끌려가 70년 동안 포로 생활을 하였다. 바벨론이 망하자 그들은 고국으로 돌아왔다. 성서상으로는 중대한 사건이다.

성서에 신비로운 일이 엄청나게 많다. 아브라함으로부터 예수의 탄생까지 14대씩 구분하여 총 42대를 이룬 것은 인간의 힘으로는 헤아리기 어려운 불가사의한 신비의 극치가 아닐 수 없다.

침례 요한의 탄생 또한 신비하기 그지없는 사건이다. 하나님이 역사하여 이루어진 일이지만, 인간 능력으로는 도저히 해량하기 어려운 일이다.

침례 요한은 제사장이었던 사가랴와 그의 아내 엘리사벳 사이에서 탄생했다. 두 부부는 하나님의 의인으로 주의 모든 계명과 규례를 흠 없이 지키며 사는 사람들이었다. 두 부부의 나이가 많은지라 수태(受胎)치 못하여 무자(無子)로 살았다.

사가랴가 제사장의 전례를 따라 주의 성소에 들어가 분향하는 시간에, 주의 천사가 저에게 나타나 가로되, "사가랴여 무서워 말라. 너의 간구함이 들린지라 네 아내 엘리사벳이 네게 아들을 낳아주리니 그 이름을 요한이라 하라. 너도 기뻐하고 즐거워할 것이요, 많은 사람이 그의 남을 기뻐하리니… 이스라엘 자

손을 주 곧 저희 하나님에게로 많이 돌아오게 하리라."

사가랴와 엘리사벳이 이미 노쇠하여 수태가 불가능한데도, 그들의 간구함이 하늘에 닿아 하나님의 역사하심으로 그들의 뜻이 성취되어, 침례 요한과 같은 위대한 선지자를 탄생시켰다. 하나님에게는 불가능한 일이 없는 일이지만, 인간에게는 불가사의한 일이라 아니할 수 없다.

예수 그리스도의 탄생 또한 신비의 극치 중의 극치다. 예수 그리스도는 동정녀 마리아가 성령으로 잉태하여 아들을 낳으니 그 이름이 예수 그리스도였다. 마리아는 요셉과 정혼한 사이었지만 법에 따라 동침이 불가능했다.

마리아가 천사에게 말하되, "나는 사내를 알지 못하니 어찌 이 일이 있으리이까." 천사가 대답하여 가로되 "성령이 네게 임하시고 지극히 높으신 이의 능력이 너를 덮으리니 이러므로 나실 바 거룩한 자는 하나님의 아들이라 일컬으리라." 마리아가 "주의 계집종이오니 말씀대로 내게 이루어지이다." 하니 천사가 떠나더라.

마리아가 가로되 "내 영혼이 주를 찬양하며 내 마음이 하나님 구주를 기뻐하였음은 계집종의 비천함을 돌아보았음이다. 보라 이제 후로는 만세에 나를 복이 있다 일컬으리로다."

자기와 정혼한 여인이 성령으로 잉태되었다는 소식을 듣고 놀라지 않을 자는 없을 것이다. 그러나 남편 요셉은 이 일을 드러내지 않고 두 사람의 관계를 조용히 끊으려고 하고 있었을 때, 주의 사자가 현몽(現夢)하여 이르기를 "다윗의 자손 요셉아 네 아내 마리아를 그녀의 집에서 데려오기를 두려워 말라. 저에게 잉태된 자는 성령으로 된 것이니라. 아들을 낳으리니 이름을 예수라 하라. 이는 그가 백성을 저희 죄에서 구원할 자이심이니라." 하였더라.

요셉이 잠을 깨어 일어나 주의 사자의 분부대로 행하여 그의 아내를 데려왔으나, 아들을 낳을 때까지 동침치 아니하더니, 아들을 낳으니 그 이름을 예수라 하였다.

예수 그리스도는 신성(神性)과 인성(人性)으로 결합된 반신(半神) 반인(半人)의 불가사의한 탄생이었다. 많은 병자들을 고치는 이적(異蹟)을 행하였고 부활하여 승천하는 기적을 행하였다.

신묘한 일들은 이 세상에서 계속해서 일어나고 있다. 과학기술의 발달로 우리의 삶은 하루가 다르게 변화하고 있다. 이런 변화가 계속된다면 우리의 삶이 장차 어떻게 변화할지 궁금하다. 유전자(DNA)지도가 나오고, 유전자 기술의 발달, 드론의 출현, 수소차, 핵무기들이 다투어 나오고… 앞날을 어떻게 가늠해야 할지 짐작이 가지 않는다.

사람의 몸 또한 신묘하게 만들어졌다. 이보다 더 신묘한 것은 없다. 해마다 박사학위 취득자가 쏟아져 나와도 더 파헤칠 곳이 있는 것인지 알 길이 없다. 전에는 60, 70세가 정명(定命)이었지만, 지금은 100세를 넘어 120세를 이야기하는 세상이 되었다. 80세는 하수(下壽)로 보고, 100세는 중수(中壽), 120세를 상수(上壽)로 보고 있으니, 이러다가는 영원히 사는 시대가 올런지도 모른다. 이러다가 지구가 사람들로 가득 차면, 서로가 서로를 잡아먹는 아비규환(阿鼻叫喚)의 생지옥이 될는지도 모른다.

꽃이 철 따라 아름답게 피어나옴이 신묘하고, 하늘에 해와 달이 떠서 움직임이 신묘하다. 밤하늘에 별이 빛나고, 구름이 끼고, 천둥·번개가 치고, 비가 내리고, 단풍이 들고, 눈이 내리고, 서늘하고, 춥고, 덥고, 따뜻함이 신묘하다.

지구 온난화가 계속되면 언젠가는 숨이 막혀 죽고, 땅속의 기름이 떨어지면, 차는 어떻게 가고, 공장은 어떻게 물건을 만들어 내고, 음식은 날것으로 먹고, 걸어 다니고… 옛날 원시 시대로 회귀(回歸)해야 할 것이 아닌가. 나라와 나라 간의 분쟁과 갈등은 끊임없고, 이러다가 핵 단추 한 번 잘못 누르면 지구는 삽시에 불바다가 되는 게 아닌가. 지구인 공멸의 시대가 오는 게 아닌가.

하지만 하늘의 뜻은 그의 신묘함을 나타내어, 우리를 놀라게 할 것이다. 이 땅은 우리가 살아야 할 영원한 낙토가 되게 하고, 이 지구는 지상 거민이 영원무궁토록 살아야할 낙원이 되게 할 것이다. 언젠가는 평화의 서기(瑞氣)가 이 땅을 가득 채워 살기 좋은 영원한 복토가 되게 할 것을 기원하면서 이만 줄인다.

불안감(1)

얼마 전에 기차여행을 한 적이 있다. 잘 가던 기차가 역이 아닌 데서 갑자기 멈추어 섰다. 방송으로는 중앙자동조절장치에 이상이 생겼다고 했다. 세 시간 거리의 여행 중에 그러기를 무려 세 번이나 했다. 불안한 마음이 일기 시작했다. 여러 생각을 했었지만, 그 여행을 그대로 계속해서 목적지까지 잘 갔다.

인간은 불안의 동물이다. 주변 상황이 조금만 변해도 불안해한다. 태풍이 불어온다고 하면 마음이 불안하고, 유리창이 덜그렁거려도 불안하다. 억수로 비가 쏟아져도 불안하고, 천둥·번개가 쳐도 불안하다. 겨울철에 날씨가 추워도 외출하기가 두렵고, 여름철의 혹서(酷暑)도 두려워 바깥출입을 못 한다. 몸에 적은 이상이 있어도 혹시 죽을 병이 아닌가 걱정을 하고, 식욕이 떨어져 밥맛을 잃으면 별의별 생각을 다 한다. 아주 자질구레한 것으로부터 큰 것에 이르기까지, 무슨 놈의 걱정을 그리도 하며 사는지, 인간은 걱정 속에서 살다가 걱정하면서 죽는다.

낮이 밝은 것은 낮에 일하라 하여 밝고, 밤이 어두운 것은 휴식을 취하라 하여 어둡다. 동물들도 낮에는 사냥하고, 밤에는 낮에 먹은 음식을 삭히며 휴식을 취한다. 밤에 활동하기를 싫어하는 것은 밤이 어두워 시계가 좁아 무슨 일이 일어날지 두렵기 때문이다. 불안은 인간에게서 잠시도 떠나지 않는 숙명적인 것이다.

미국의 노벨 문학 수상작가인 존 스타인벡이 쓴 작품 중에 '천국목촌'(天國牧村)이라는 작품이 있다. 천국목촌으로 가고자 언덕을 넘는데 한 어미 동물이 굴속에 여러 마리의 새끼를 거느리고 있는 것을 발견한다. 그다음 날 다시 지나다가 동굴을 들여다봤더니, 그 어미는 새끼들을 딴 곳으로 솔가(率家)해 버렸다. 가장 안전한 곳으로 믿고 있었던 그 동굴이 사람에게 발견된 후로는 불안하여 그곳에 더 이상 머무를 수가 없었다. 안전한 곳을 찾아 다른 곳으로 옮겨 간 것이다. 사람이나 동물이나 안전이 제일이고, 안전의 위협을 받으면 불안하여 잠시도 그곳에 머무를 수가 없다. 그래서 안전을 찾아가는 행렬은 최우선적으로 이루어진다.

옛말에 호가호위(狐假虎威)라는 말이 있다. 여우가 호랑이의 힘을 빌려 다른 동물을 위협하는 것을 말한다. 남의 권세를 빌려 그 위세로 다른 사람을 위협하는 것으로도 유추(類推)하여 해석할 수도 있다. 인간 세상에 흔히 있는 일로, 그런 위협을 받으면 불안해하지 않을 자는 거의 없다. 대부분의 사람은 불안 속에서 그날그날을 살아간다. 이런 불안은 생활 속에서 오는 불안이지만, 인간의 본질적인 것에서 오는 불안도 있다. 어린애는 엄마가 옆에 없으면 불안하여 울고, 노인이 엄살을 부리는 것은 자기 힘의 약함 때문에 오는 본질적인 것이기도 하다.

적당한 불안은 우리를 긴장시키고 또 심심하지 않게 하지만,

너무 불안이 없으면 권태를 일으키고, 인간을 타락시키기도 한다. 너무 큰 행복이나 기쁨 속에서 살면, 그것을 잃을까 봐 걱정이 되고, 불안이 너무 커도 그 까닭을 몰라 불안해하기도 한다. 신기루 같은 허상에 쫓기기도 하고, 잠을 이루지 못하고, 비몽사몽(非夢似夢)의 안개 속에 빠져들기도 한다.

"때린 자는 가로 자고, 맞은 자는 가운데로 잔다."는 말이 있다. 때린 자는 뒷일이 걱정되어 마음이 놓이지 않지만, 맞은 자는 되레 마음이 편안하여 잠도 잘 자고 하는 일도 마음이 편하여 잘한다.

불안이 잠시 왔다 가는 것은 좋지만, 오래 마음속에 자리 잡으면 견디어 낼 수가 없다. 자리 잡기 전에 떨쳐버려야 하지만 그 일처럼 어려운 일도 없다. 앉아 있기가 불안하면 좌불안석(坐不安席)이라 하고, 바늘방석에 앉은 것처럼 불안의 정도가 심하면 여좌침석(如坐針席)이라고 한다. 이런 불안이 오래 계속되면 자기 파멸에 이른다. 가정도 그렇고 한 나라도 내우외환(內憂外患)이 오래 계속되면 더 이상 지탱할 힘을 잃는다.

나이가 많으면 죽음에 대한 불안이 크다. 일생일사(一生一死)는 피할 수 없는 일이지만, 죽을 때의 고통은 단말마적(斷末魔的)이라 할 만큼 무서운 것이다. 밤새 연고로 끝나면 되지만, 그 고통이 오래 계속되면 가족 모두에게 욕이 되는 것인 즉(壽則多辱) 그것보다 싫은 것은 없다.

죽을 때 편히 죽는 고종명(考終命)의 축복을 누렸으면 하지만, 그런 축복을 나 같은 사람에게까지 주지는 않을 것이다. 괴로울 때 한 시간은 즐거울 때의 하루보다 더 길다 하였다. 두려움 없이 사는 사람은 없다. 그런 사람이 있다면 하늘이 특별히 점지한 유별난 사람일 것이다.

시험을 앞둔 학생의 불안, 군입대를 앞둔 젊은이들의 불안, 시합을 앞둔 선수의 불안, 집이 없어 남의 집에서 사는 불안, 출산을 앞둔 여인의 불안, 무엇을 얻고자 하되 얻지 못하는 불안(求之不得), 불안, 불안, 불안… 사람은 불안의 바닷속에서 살다가 걱정하며 눈을 감는다.

불안 없이 살기는 힘들다 해도, 불안을 줄이며 사는 길은 있다. 하는 일에 전념할 것이요, 몸 바쳐 일할 때 불안은 감히 얼씬거리지 못한다. 정도무우(正道無憂)라 하였은 즉, 정도를 걸으면 근심이 없다 하였다. 정도정행(正道正行)으로 세상을 살면, 남의 것을 훔쳐서 살려는 생각을 하지 않을 것이요. 다른 사람과 잘못하여 일어나는 불안을 면할 수 있을 것이다.

탐욕에서 근심이 생기고(貪欲生憂), 탐욕에서 두려움이 생긴다 하였다.(貪欲生畏) 부질없는 물욕에 휘말리지 말아야 한다. 행한 만큼 거둔다 하였으니, 분에 넘치는 이익을 바라지 않으면, 어지간한 불안은 면하며 살 수 있을 것이다.

불안감(2)

근심 없이 사는 사람은 없다. 그러나 그 근심에 눌리면 죽는다. 내가 하는 근심이 무엇인가를 먼저 알고, 이런 것 때문에 내가 이런 고통을 해야 하나를 생각하면, 그 근심은 서서히 풀려 사라진다. 아무것도 아닌 일에 근심하다가 그 근심에 눌려 죽는 사람도 있다. 근심과의 싸움에서 져서는 안 된다. 꼭 이겨야 한다.

청구영언(靑丘永言)에 나와 있는 시조를 한 수 읊고 가자

술을 취게 먹고 뚜렷이 앉았으니
억만 시름이 가노라 하직한다
아희야 잔 가득 부어 시름 전송하리라

(鄭太和)

나는 술과는 거리가 먼 사람이지만, 시구가 참 재미가 있다. 근심은 인생에 있어서 적이라(Care is an enemy to life.) 하였다. 근원을 벨 칼은 있어도 근심을 없앨 약은 없다(未詳) 하였다. 녹이 쇠를 먹어 없애듯, 근심은 사람을 먹여 없앤다. 밥상 위에 쌓

인 근심이 어찌나 무겁던지 상다리가 부러진다 하였고, 한시도 빠짐없이 밀려오는 시름을 풀어보려 하지만 좀처럼 그럴 길이 없다.

마음이 즐거우면 종일 걸어도 싫증이 나지 않지만, 마음속에 근심이 있으면 잠시 걸어도 싫증이 난다. 인생행로는 길고도 먼 행로이다. 늘 명랑하고 유쾌한 마음으로 살면, 아무리 긴 여정도 살기 좋은 즐거운 여정(旅程)이 된다.

한 번 근심이 일기 시작하면 마귀처럼 달라붙어서 좀처럼 떠나지 않는다. 일이 잘 풀리면 떠나지만, 그렇지 않으면 사람을 진탕 녹여 놓고 떠난다. 세상 모든 일은 우리의 마음 짓기에 따라 달라진다.(一切唯心造) 우리의 마음을 늘 밝게 유지하고, 마음이 밝은 빛으로 차 있으면 근심 따위는 얼씬거리지도 못한다.

J. W. 괴테가 '파우스트'란 작품에서 한 말을 한 번 들어보자.

"이부자리를 박차고 일어나라. 손에 연장을 쥐고 일터로 나아가라. 엄숙한 마음 하나면 천만 개의 근심도 일거에 물리칠 수 있다. 마음속에 밝은 빛을 품고 늘 기쁜 마음으로 살아라."

기실 아무것도 아닌 일에 근심하며 산다. 지금 하고 있는 일이 실패할는지도 모른다. 누가 나를 원망하고 있을는지도 모른다. 내가 지금 사귀고 있는 아가씨와의 관계가 깨어질는지도 모른다. 고작 한다는 근심이 이런 시시콜콜한 것이 아닌가.

사람들은 거의 불확실한 일에 매여 걱정을 한다. 불행의 가능성을 미리 생각하고 그 일을 걱정하며 산다. 근심의 거의 전부는 현재 하고 있는 일에 대한 것이 아니고 미래에 대한 불확실한 것들이다. 지나간 실패를 걱정해봤자 아무 소용이 없다. 그런 불필요한 걱정의 사슬을 단호하게 끊으면 세상 살기가 훨씬 수월해질 것이다.

중국의 열자(列子)라는 사람이 쓴 글을 살펴보자.

"주(周)의 시대에 기(杞)라는 나라에 만사를 무척 근심하는 한 사내가 있었다. 만일에 천지가 무너져 버린다면 어떻게 될까 하는 불안 때문에 밤잠을 이루지 못하고 밥도 제대로 먹지 못했다. 그러나 하늘은 그저 공기가 쌓여 있는 것이고, 땅은 사방이 가득 차 있음으로 염려할 것이 없다는 설명을 듣고서야 비로소 안심했다."는 이야기가 전한다.

근심의 본체가 이렇게 허망한 것인데도 사람들은 이런 것들에 의해서 시달리며 산다. 이런 불확실한 근심의 사슬을 끊고 자기를 완전히 해방시킬 수 있는 방법은 없는 것일까?

불교는 빛이 사람의 마음 한가운데 있고, 그 빛이 108개의 번뇌에 의해 둘러싸여 있다고 한다. 그 많은 번뇌의 겹을 벗겨내면 종래에는 그 빛은 찬란한 빛을 드러낸다고 한다. 그 빛을 찾았을 때 해탈(解脫) 또는 열반(涅槃)에 이르렀다고 하고, 또는 깨달음에 이르렀다고 한다. 그래서 불교를 각(覺)의 종교라고도 한다. 번뇌의 겹을 벗겨내는 과정은 인간 능력을 초월하는 인내의 과정을 통해서 이루어진다. 모든 괴로움으로부터 완전하고 확실한 해탈이 이루어지지 않으면, 번뇌의 싹은 다시 터서 일어난다. 불타(佛陀)는 해탈의 완성자로 일체의 중생을 고통에서 건져낸다. 그렇게 해서 한량없는 지혜와 자비심으로 중생 구제가 이루어진다.

기독교는 불교와는 달리 빛이 하늘에 있고, 그 빛이 사람의 어두운 마음속으로 들어와 사람들로 하여금 밝게 살게 한다. 그 빛을 받는 사람은 성신의 인도를 받아 그리스도의 복음으로 인도되고, 그리하여 종래에는 영생 구원에 이르게 한다.

사람은 근심 속에서 살다가 근심하며 죽는다고 할 만큼 사람과 근심과의 관계는 떨어지기 어려운 숙명적 관계이지만, 신앙생활을 꾸준히 그리고 돈독히 함으로써, 이 어려운 관계도 떨쳐버릴 수 있다. "누구든지 그리스도의 교리 위에 세우는 자는 결단코 넘어지지 아니하는 자며, 땅과 지옥이 그들을 이기지 못할 것임이니라"(교성 5:44)

제8부

적함착적(賊喊捉賊)

적함착적이란 말은 도둑이 도둑을 잡으라고 소리치는 것을 말한다. 마치 허물 있는 자가 남의 허물을 탓하는 격이고. 잘못하다간 재 묻은 개가 똥 묻은 개를 나무라는 격이 될 수도 있다.

이 글을 쓰기 위하여 양상군자(梁上君子)라는 말을 인용하니 재미 삼아 읽어보기 바란다. 그런데 양상군자라는 말은 상량(대들보) 위에 앉은 군자라는 뜻이다.

중국 후한(後漢)의 현지사(縣知事)인 진식(陳寔)이라는 사람은 고학을 하며 공부한 쓴맛 단맛을 다 아는 사람이어서, 그 지방 사람들의 신망을 얻었다. 어느 흉년이든 해에 일어난 일이다. 밤에 책을 읽자니까 누구인지 대들보 위에 웅크린 기색이 보였다. 도둑놈이었다. 그래서 그는 아들, 손자들을 방으로 불러 모아 설교를 했다.

"불선(不善)한 사람도 원래부터 악인인 것이 아니라, 버릇이 잘못 들어서 그렇게 된 것이란다. 양상(梁上)의 군자도 그런 것이란다." 그러자 도둑은 황망히 뛰어내려 제발 벌을 내려달라고 애걸했다. 그러나 그는 명주 두 필을 주어 놓아 보냈다.(後漢書 陳寔傳) 여기서 양상군자라는 말은 도둑을 뜻하게 되었다. 참 귀감(龜鑑)삼을 만한 이야기여서 여기에 소개했다.

도적을 쫓는 도적의 죄가 잠시는 호도되지만 영원히 호도되지는 않는다.

본성(本性)

수백 마리의 양 떼를 주인이 개 한 마리를 데리고 이리저리 몰고 다니는 것은, 거의 불가능한 일이다. 그러나 가능하다. 왜냐하면 그들에게 본성이 있기 때문이다. 주인이 가자는 대로만 가면, 물을 비롯하여 맛있는 풀도 먹을 수 있다는 것을 알고 있기 때문이다.

사람은 태어날 때부터 사람으로서의 본성을 가지고 태어난다. 추우면 따뜻한 곳을 찾고, 더우면 서늘한 곳을 찾는다. 선풍기나 에어컨을 틀어 서늘하게 하고, 두꺼운 옷을 입어 따뜻하게 한다. 겨울에 따뜻한 봄을 기다리고, 무더운 여름에는 서늘한 가을이 오기를 기다린다.

무릇 없는 자는 받아 넉넉하게 되기를 원하고, 목이 마른 자는 물을 찾아 갈증을 푼다. 마음이 어두우면 빛을 찾아 나서고, 마음이 어두운 사람이 빛으로 오지 않는 것은 빛의 밝음을 싫어하기 때문이다. 무엇이든지 빛으로 된 것은 선하지만, 그들이 빛으로 오지 않음은 그들의 마음이 악으로 차 있기 때문이다.

밤이 어두운 것은 어두운 마음으로 살라 함이 아니요, 밤의 긴 휴식을 통해 다음 날의 힘을 얻으라 함이다. 낮이 밝고 긴 것은, 늘 밝은 생각으로 살고 열심히 일하며 살게 하려 함이다.

사람이 겸손하게 살고자 함은 사치스러운 것에 들뜨지 않고, 늘 근실하게 살고자 함이다. 인간이 인간다운 것은 그들이 본성에 따라 살기 때문이요, 그들이 악하지 않게 사는 것은 선한 본성을 따라 살기 때문이다.

동물에게는 동물성이 있고 식물에는 식물성이 있다. 동물에게는 포학성이 있어서 잘못 건드리면 달려들어 찢고, 식물에는 향습성(向濕性)이나 향일성(向日性)이 있어서, 물을 찾아 뿌리를 내리고, 빛을 찾아 가지를 뻗는다. 사람은 천부적으로 타고난 선성(善性)이 있지만, 잘못하면 악인이 되어 주변을 파괴한다.

하늘에는 해와 달이 있듯, 세상에는 음과 양이 있어 두 원리가 세상을 지배한다. 사람은 자기가 지은 바에 따라 선과 악의 보응을 받는다. 이를 일러 선인선보(善因善報), 악인악보(惡因惡報)라고 한다.

우리가 늘 선 속에 살 수 없는 것은, 선이 무너지기를 기다리는 악이 있기 때문이다. 선이 조금만 틈새를 보이면 악은 그 틈새를 뚫고 들어와 그 선을 무너뜨린다.

그 많은 양 떼들이 한 놈의 손실도 없이 우리로 찾아오는 것은, 귀소 본능(歸巢本能)이 있기도 하지만, 주인이 시키는 대로만 하면, 우리 안에서 편안한 휴식을 취할 수 있고, 주인의 그들에 대한 사랑을 믿고 있기 때문이다. 사랑만큼 진실하고 따뜻한 것은 없다. 사랑과 진실은 잘못되는 일이 없고, 사랑과 진실은 어느 것에든 지는 일이 없다.

우리가 부모를 공경하고 사랑하는 것은 그들의 진실한 사랑

때문이다. 가족이 하나로 뭉쳐 서로 화합하여 사는 것도 그들이 서로 사랑하며 살기 때문이다. 사랑은 늘 따뜻한 곳을 향하여 흐른다. 자식의 사랑은 부모에게로 흐르고. 부모의 사랑 또한 자식에게로 흐른다. 인간의 본성은 타고나는 것이지만 늘 사랑을 향해 흐른다.

아내가 좋고 남편이 좋은 것은, 그들이 서로 사랑하며 살기 때문이요, 늘 뜨겁지는 않지만 늘 변함없는 사랑과 믿음으로 살기 때문이다. 형이 동생을 사랑하고 동생이 형을 공경하는 것은, 형우제공(兄友弟恭)의 형제애(兄弟愛)가 흐르기 때문이다. 벗과 벗 사이의 오랜 우정이 계속되는 것도 그들 사이에 붕우유신(朋友有信)의 믿음이 흐르기 때문이다. 그들 사이의 관계가 잘 유지되는 것은, 그들이 타고난 본성을 잘 유지하며 살기 때문이다.

바람이 불다가 막히면 장애물을 무너뜨리고 가고, 물이 흐르다 막히면 넘쳐서 흐른다. 때로는 사람의 정도 따뜻한 곳을 찾아 넘쳐서 흐르고, 찬 곳으로 흘러 그 곳을 따뜻하게 한다.

사람은 원래 태어날 때부터 정을 가지고 태어난다. 우리에게 정이 있어서 이 정이 가족들에게 이어지고 또 이웃으로 이어진다. 세상으로 이어지면 세상을 따뜻하게 하고 변화시킨다. 우리는 본성의 흐름대로 살아야 하고, 이 본성을 거슬러 살다간 오래 살지 못한다.

부모에 대한 그리운 정을 구름에 실어 보내는 망운지정(望雲之情)이나, 어미 소가 새끼를 낳으면 새끼의 털에 묻은 불순물을 핥아 정을 잇는 지독지정(舐犢之情)이나 다 정이다. 사람이나 동물이나 다 정으로 살고, 정이 없으면 잠시도 추워서 살 수가 없다.

맹자(孟子)의 성선설(性善說)이라는 것이 있다. 사람은 본래 선하게 태어나 측은한 마음(惻隱之心), 부끄러워하는 마음(羞惡之心), 양보하는 마음(辭讓之心), 시비를 가릴 줄 아는 마음(是非之心)을 가지고 살지만, 환경이나 기타 다른 요인에 의해서 선한 마음이 가로막혀 악한 마음을 갖게 된다.

사람이 세상에 나올 때는 선한 마음을 가지고 태어나지만, 살아가면서 환경이나 다른 여러 요인의 지배를 받아, 악하게 변화되어 악인이 되기도 한다. 악에 지지 말고 늘 선으로, 악과 싸워 이기는 것이 곧 인간의 본성을 지키며 사는 길이다. 그러기를 바라며 이만 줄인다.

손바닥으로 하늘 가리기(以掌蔽天)

이 세상에 양심보다 더 정확한 것은 없다. 왜냐하면 다른 것은 속여도 양심은 속일 수가 없기 때문이다. 인간의 모든 잘못은 양심의 망에 다 걸려든다. 그래서 양심의 망을 천망(天網)이라고도 한다. 양심의 망은 얼멍얼멍하게 짜여 있지만(天網恢恢), 변두리 어디에서도 빠져나갈 수가 없다. 그래서 양심을 하늘의 법정이라고도 한다.(天庭)

세상의 법망은 아주 촘촘하게 짜여 있지만, 빠져나가는 자들이 많다. 헌법, 민법, 민사소송법, 형법, 형사소송법, 상법 등 6법을 만들어 죄인들을 잡아넣으려고 하지만, 아무리 그래도 빠져나가 세상에 활보하고 다니는 사람들이 많다.

붉은 잠자리가 하늘에 나는 것을 보고 가을이 오는 것을 알고, 한 잎의 낙엽이 세숫대야에 떨어지는 것을 보고 추기(秋氣)가 대지에 서린 것을 느낀다. 맑은 마음으로 살고자 하되 잘되지 않고, 허물없이 살고자 하되 그렇게 하기가 어렵고, 실족(失足)하면 화(禍)가 된다 하였지만, 실족하지 않고 살기가 어렵다. 순리(順理)를 거스르지 않고 살고자 하되 그렇게 하기가 어렵다.(倒行逆施) 정도(正道)를 걸으면 근심이 없다 하였지만(無憂),

정도를 걷기가 어렵고, 정도정행(正道正行) 하면 두려움이 없다 하였지만, 그렇게 하며 살기가 어렵다.

탐욕에서 근심이 생기고(貪慾生憂), 탐욕에서 두려움이 생긴다 하였지만(貪慾生畏), 탐욕 없이 살기가 어렵다. 탐욕이 없는데(無所貪慾) 무슨 근심이 있고 무슨 두려움이 있겠는가(何憂何畏)라고 하였다. 탐욕의 사슬보다 무서운 것은 없다. 탐욕의 사슬에 걸려들면 빠져나오기가 힘들다.

이 세상에 완전한 것은 없다. 한 번도 병에 걸리지 않고 사는 사람은 없고, 단 한 번의 죄도 짓지 않고 사는 사람도 없다. 아무리 먹어도 싫증나지 않는 음식이 없고, 한 번 마셔서 영원히 갈증이 나지 않는 음료수도 없다. 사람의 마음만큼 무너지기 쉬운 곳도 없고, 난공불락(難攻不落)의 요새만큼 튼튼한 마음으로 살기가 어렵다.

내 인생이 다하여 가니 가끔 지난날이 돌아봐 진다. 잘한 일도 있었지만 잘못한 일도 많았다. 요즘도 잘못된 일이 떼를 지어 달려 들어와 나를 물어뜯기도 한다.

세상의 법망에는 걸리지 않고 용케도 살아왔다. 겉으로는 멀쩡해 보이지만, 아무 탈 없이 살아온 사람은 없다. 자기의 비밀을 알고 있는 것은 오직 둘 뿐이다. 하나는 신이요 다른 하나는 양심이다. 우리의 눈에는 보이지 않지만, 우리의 일거수(一擧手) 일투족(一投足)을 다 알고 있는 것은 신이요 양심이다. 양심은 죄의 고발자다. 세상의 법망에 걸리지 않고 살았으면, 비교적 바르게 산 사람들이다. 부앙무괴(俯仰無愧)란 말이 있다. 하늘을 우러러보고 땅을 굽어보아 양심에 부끄럼이 없이 사는 것을 말한다.

양심은 아무리 많은 것을 실어도 무겁다 하지 않고, 아무리 많은 것을 실어도 양심의 망은 터지지 않는다. 양심의 망에 걸린 것은 아무리 오랜 세월이 흘러도 잊혀지지 않는다.

양심보다 더 정확하고 분별력이 좋은 것은 없다. 양심은 선과 악을 분명히 분별하고 도덕적인 척도(尺度)를 분명히 세워 다스린다. 양심의 망은 천망이요, 양심은 하늘의 법정이라 할 만큼 준엄한 것이어서, 이 세상에 양심을 속이고 살 자는 없다. 손바닥으로 하늘을 가릴 수 없듯, 그 어떤 것으로도 양심을 속이거나 가릴 수가 없다. 양심에 부끄럼 없이 산 자가 있다면, 그 사람은 세상을 바르고 의롭게 산 사람이다.

도둑질 한 자가 자기의 죄를 감추려 미사여구(美辭麗句)를 써서 말하고, 살인한 자가 자기의 죄를 줄이려고 온갖 미문여구(美文麗句)로 호도(糊途)하지만, 손바닥으로 하늘을 가리는 격이나 다름이 없다. 절대로 가려지지 않는다. 행한 대로 밝히고 바르게 살길을 찾아야 한다. 양심은 우리가 악인의 길에 들어서도 그냥 내버려 둔다. 그러나 언젠가는 무서운 채찍으로 그를 질타(叱咤)하여 그를 세상에 드러낸다. 선인에게는 선한 보응을 내리고, 악인에게는 무서운 재앙을 내린다. 양심은 형리(刑吏)가 휘두르는 채찍보다도 더 무서운 채찍으로 우리를 다스린다. 양심의 가책보다 더 무서운 가책은 없다.

양심의 자유란 게 있다. 양심은 그 어떤 것에도 강제되지 않고, 그의 법에 따라 다스린다. 양심은 사람으로 하여금 사물의 선악을 구별하여, 선을 행하고 악을 피하며 살도록 한다. 양심은 법이요, 정의요, 윤리 도덕의 집행자이다. 양심은 구속이 아니고

자유이니, 양심의 자유를 통해 바르고 의로운 선택으로 양심에 거리낌이 없는 삶이 이루어지기를 기원한다. 손으로 하늘을 가릴 수 없듯, 양심의 망에 걸린 것을 세상의 그 어떤 것도 이를 가리어 감출 수가 없다.

부부만세(夫婦萬歲)

"여호와 하나님이 아담을 깊이 잠들게 하시니 잠들매 그가 그 갈빗대 하나를 취하고 살로 대신 채우시고 여호와 하나님이 아담에게서 취하신 그 갈빗대로 여자를 만드시고 그를 아담에게로 이끌어 오시니 아담이 이르되 이는 내 뼈 중의 뼈요 살 중의 살이라 이것을 남자에게서 취하였은즉 여자라 부르리라 하니라 이러므로 남자가 부모를 떠나 그의 아내와 합하여 둘이 한 몸을 이룰지로다"(창세기 2:21~24)

태초에 남자에게서 여자가 어떻게 탄생하였음을 나타내는 기록이다. 두 사람 중 하나는 남편이 되고 다른 하나는 아내가 되었다. 다른 세상적인 어느 기록에서도 찾아볼 수 없는 기록이고, 부부의 탄생을 기록한 아주 숭엄한 경전의 기록이다. 남자의 갈빗대 하나를 취하여 만들었은 즉, 아내의 근원은 남편이고, 두 사람이 연합하여 한 몸을 이루었으니 이신동체(二身同體)가 되는 기록이다.

오륜(五倫)에 부부유별(夫婦有別)이라는 말이 있다. 남편과 아내의 역할이 서로 다르다 하여 이렇게 표현했다. 아버지 날 낳으시고(父生我身), 어머니는 날 기르신다(母育我身) 하였고, 게다가 젖으로 나를 배불리 먹이시고(乳以哺我), 옷으로 나를 다습게 입히시니라(以食飽我) 하였다.

아내는 나를 위해서 들어온 사람이니 함부로 부려먹어도 된다는 생각을 해서는 안 된다. 아내는 남편에게 종속된 개체가 아니고 독립된 개체로서, 서로 존중하며 살아야 한다. 남편과 아내의 관계를 종속적 관계로 생각하는 그런 때도 있었지만, 지금은 전혀 다른 세상이 되었다.

그런데 신약전서 에베소서 5장에는 "아내들이여 자기 남편에게 복종하기를 주께 하듯 하라 이는 남편이 아내의 머리 됨이 그리스도께서 교회의 머리 됨과 같음이니 그가 바로 몸의 구주시니라 그러므로 교회가 그리스도에게 하듯 아내들도 범사에 자기 남편에게 복종할지니라 남편들아 아내 사랑하기를 그리스도께서 교회를 사랑하시고 그 교회를 위하여 자신을 주심 같이 하라"(에베소서 5:22~28)

참 기가 막히게 감동적인 글귀다. 위의 말씀대로 하면 가정은 생각보다도 튼튼한 가정이 되겠지만, 세상이 많이 변해서 가정 운위(運爲)가 제대로 되지 않는다. 가정 안에 불협화음이 많고, 가정이 늘 시끄럽고, 해체된 가정도 부지기수다. 지금 남편에게 복종하며 사는 여인이 없다. 복종하며 살라고 하면 눈을 부라리며 덤벼들 것이고, 지금이 무슨 봉건군주의 시대인 줄 아느냐 할 것이다. 시대의 변화에 왜 그리 둔감하느냐, 정신을 차리지 못하고 살다간 당신도 죽을 것이라 할 것이다.

그래서 내가 하느님에게 "하나님 지금 복종하고 살 여인이 없습니다. 복종이라는 말을 다른 말로 바꾸던가, 아니면 이 말을 제(除)해 버림이 어떻겠습니까?"라고 아뢰었더니 "아무리 그래도 내 말대로 해라. 꼭 그렇게 해 보아라. 그러면 내 말을 하게 될 것이다. 큰일을 당하고 나서 울고불고 해봤자 그때는 이미 늦은 것이다. 그 대신 남편이 아내 사랑하기를 제 몸처럼 한다 하지 않았느냐? 내 말을 알아듣지 못하겠느냐?" 하셨다.

가정의 해체보다 더 불행한 일은 이 세상에 없다. 남편을 버리고 자식을 버리는 것을 초개(草芥)같이 가볍게 여기는 비정한 세상이 되었다. 금옥처럼 귀중하게 여겨야 할 경전의 말씀에 귀 기울이며 살기를 기원한다. 부부 사이의 진실이 짓밟혀서는 안 되고, 부부 사이의 믿음이 훼손되어서는 안 된다.

처녀 총각이 처음 만날 때는 화향(花香)이 그윽한 봄이지만, 부부가 되면 서서히 냉각되어 불 안 땐 구들장처럼 차가운 겨울이 된다. 아무리 힘들어도 참고 견디며 살고, 서로 믿고 존중하며 살면, 가화(家和)의 튼튼한 길이 열리고, 가화만사성(家和萬事成)의 기쁨을 누리며 살 것이다.

선량한 남편이 선량한 아내를 만들고, 선량한 아내 또한 선량한 남편을 만든다. 아무리 시대가 바뀌었다 해도 암탉이 새벽을 관장해서는 안 된다. 그러면 집의 운세가 막힌다고 하였으니(牝鷄司晨 惟家之索), 잘 헤아려 행하기 바란다.

음행한 연고로 가정이 해체되는 일이 없어야 한다. 부부의 인연을 하늘이 내린 인연이라 생각하고 이 인연에 감사하며 살아야 한다. 두 사람이 부부가 된 것은 하늘이 정해준 천정배필이라고 생각해야 한다. 부부가 매인 끄나풀은 아무리 당겨도 끊이지 않는 튼튼한 끄나풀이어야 한다.

금실상화(琴瑟相和)라는 말이 있다. 남편을 가야금에 비유했고 아내를 비파라는 악기에 비유했다. 두 악기는 모양도 다르고 크기도 다르지만 서로 화합하여 내는 소리는 그 화음이 참 아름답다 하였다. 금실이 좋은 부부를 일컬어 하는 말이다. 부부가 같이 늙는 것을 해로(偕老)라고 하고, 100년을 같이 늙으며 사는 것을 백년해로라고 한다. 그러다가 죽으면 같은 무덤 속으로 들어간다 하여 해로동혈(偕老同穴)이라고 한다. 부부 만세! 만만세!

실족(失足)
실족하지 않을 수 없으나 실족하면 화(禍)가 된다

상대방이 아무 잘못이 없는데도 나와 뜻이 다르다는 이유로, 그 사람을 미워하는 경우가 많다. 부자지간에도 그렇고 형제지간에도 그런 일이 일어난다. 때로는 부부간에도 그런 일이 일어나 별리(別離)의 불행을 겪기도 한다. 이쪽에서 보면 저쪽이 틀렸지만, 저쪽에서 보면 이쪽이 틀린 것이다. 기실은 서로 다를 뿐 잘못한 것은 아니다. 생각이 서로 다르면. 맞추어 살면 될 것 같아도 그 일이 그렇게 쉬운 일이 아니다. 만약 어떤 사람이 성폭행을 했거나, 살인을 했다면, 분명 잘못한 것이고, 그렇게 큰 잘못은 가혹한 법의 단죄(斷罪)를 받아야 한다. 법은 사회적 합의(合意)이므로 공정하게만 집행된다면, 양자 간의 다툼은 그것으로 종결된다. 작은 잘못은 서로 간과(看過)해 버리기도 하지만, 법망에 걸릴 만큼 큰 잘못은 가차 없이 다스려 일도양단(一刀兩斷)을 낸다.

이 세상에 한 호리의 잘못도 없이 사는 사람은 없다. 나이가 많은데도 나는 여전히 잘못이 많다. 특히 말실수가 많지만, 잘 고쳐지지 않는다. 일언삼사(一言三思)의 경고음을 수없이 들었지만 잘 고쳐지지 않는다. 말실수도 사람이 하는 실족 중의 하나지만, 뉘우치며 사니까 망정이지 그렇지 않고 산다면, 인간관계만큼 살기 힘든 관계도 없을 것이다.

경전에서는 사랑은 오래 참고 온유하며 자랑하지 말고 교만하지 말라 하였다.(고린도전서 13장) 나 자신과 아내와 자식을 자랑하면, 삼불출(三不出)에 하나라 하여 극구(極口) 금하고 있는지라 잘 지키며 산다. 그러나 손자 손녀는 한 다리가 천 리인지라, 그놈들 자랑 정도는 괜찮을 것도 같아 마구 자랑을 한다.

경전에 의하면 "내가 너희를 사람들 속으로 보냄은 마치 이리 떼 속으로 보냄과 같다."(요한복음)는 구절이 있다. 그 어린 손자 놈들이 외국에 나가 선교사업을 함은 마치 이리 떼 속에 들어가서 사는 것과 같다. 기후도 다르고, 음식도 다르고, 사람도 다르고, 문화도 다르고, 말도 다른 그런 속에서 사는 일은 마치 이리 떼 속에서 사는 것과 조금도 다를 바가 없다.

그런 어려움을 극복하고 나서 그들이 거둔 성취가 너무 커서 그것을 극구 자랑을 한다. 선교사업을 끝내고 나서 어떤 시험을 봤더니 거의 만점에 가까운 점수를 땄다고 하기에, 자랑삼아 이야기했다. 어린놈들이 그런 어려움을 극복하고 거둔 성취가 대견스러워서, 자랑을 한 적이 많다. 듣는 사람의 입장은 조금도 생각지도 않고 마구 자랑을 하고, 뭐 자랑할 것이 없나 찾아서 자랑하는 격이 되었다.

아무리 손자, 손녀의 일이라도 내 권속(眷屬)의 일은 바울 사도의 권유에 따라 삼가는 것이 좋을 것 같지만, 사람이 하는 일이 그렇게 되지 않는다.

예수님이 최후 만찬을 하면서 "너희들 중에 나를 파는 자가 있느니라." "그 자가 누구이오니까?" "내가 조각을 찍어서 주는 자가 그 자니라." 가룟 유다는 양심의 가책을 느껴 자살을 했다.

십이사도 중에 수석 사도인 베드로에게 "네가 닭이 울기 전에 나를 세 번 부인하리라." 하였다. 자기 생명의 위협을 느끼자 베드로 같은 제자도 세 번을 부인하는 실족(失足)을 했다. 실족지 않고 살기를 바라지만, 실족하지 않고 살기란 참 어려운 일이다. 나와 같은 범부들은 적은 어려움에도 실족을 다반사로 행하며 사니, 사람다운 사람이 되기엔 아직도 먼 것 같다.

허물이 있으되 그것을 고치지 못하면 그것 또한 허물이니라(過而不改 是謂過矣)라는 말이 있다. 허물을 고치지 못하면 그것 또한 허물이라 하였은 즉, 허물을 고쳐 살기를 간절히 바라지만, 저지르기는 쉬워도 고치기는 어려운 것이니, 세상일 행하기에 신중을 기하여 행하기를 간절히 바랄 따름이다.

지자(知者)가 천 번을 생각해서 해도 실수가 있고(智者千慮 必有一失), 우자(愚者)도 천 번을 생각해서 하면, 얻음이 있다(愚者千慮 必有一得)고 하였다. 지자라 해서 자랑할 일이 아니요, 우자라 해도 간혹 잘하는 일이 있는 것이니, 그들을 폄훼하거나 하대(下待)하는 일이 없어야 한다. 허물없이 살 수는 없지만, 허물 고치기를 피하며 살아서는 안 된다.

구밀복검(口蜜腹劍)이라는 말이 있다. 입으로는 꿀 같은 단 말을 하면서도 뱃속에는 칼을 품고 있다는 뜻이다. 대개는 겉 다르고 속 다르게 행동(表裏不同)하는 경우가 많다. 속에는 무서운 비수(匕首)를 품고 있으면서도, 겉으로는 평화로운 미소로 호도(糊塗)되기가 일수다. 다른 사람들 중에 그러는 사람이 있는가 하면 나도 그러니 큰일이 아닌가.

몸으로 하는 일은 나는 이제는 글렀다. 손자뻘 되는 놈들이 길을 막고 담배를 피워도 그냥 모르는 체 지나간다. 이제는 어떻게 할 용기가 없고 힘도 없다. 몸으로는 그들의 상대가 되지 않는지라, 부질없이 허세를 부렸다간 큰일이 일어난다. 이젠 힘으로는 다 틀렸고, 나 자신이나 단속하며 살 수 있기를 바란다. 실족하지 않을 수 없으나 실족하면 화가 된다. 실족하지 않기를 바라며 이만 줄인다.

여자도(汝自島) 투어(Tour)

여자도라는 섬은 여수에서 서쪽으로 배를 타고 30여 분 걸리는 섬이다. 이름은 몇 번 들어본 적이 있지만 가보기는 이번이 처음이다. 여자도는 큰 섬과 작은 섬으로 이루어졌지만, 작은 섬들이 큰 섬에 붙어 있는 모습이 "汝"자의 생김새와 같고, 그 생김새가 예부터 자연스럽게 이루어졌다고 해서 여자도라고 했다고 한다.

옛날에 써놓았던 다음 시가 생각이 나서 여기에 옮기니, 한번 읽어보고 여자도 투어에 들어가기로 하자.

여행자의 호기심

여행은 걸으며 하는 독서요,
독서는 앉아서 하는 여행이다.
여행은 나를 행복한 자유인이 되게 하고,
즐거운 여행은 여로(旅路)를 단축시킨다.

풀 한 포기 구름 한 점이,
여행자의 벗이 되고 안내자가 된다.

호기심은 사람을 움직이는 혼이요,
호기심으로 산을 넘고 파도를 탄다.
호기심으로 새로운 것을 찾아 나서고,
호기심으로 미지의 것에 생명을 건다.

여행자의 보따리는 먼 훗날까지 전할,
추억의 이야기들로 가득하다.

호기심은 사람을 움직이는 혼이다. 호기심에 따라 여자도를 다녀왔지만, 이제야 그 보따리를 풀어놓는다. 교회회원들과 같이 행한 투어인지라 마음이 편안하고 즐거웠다. 계절이 가을인지라 하늘이 높고, 바람은 서늘하여 투어하기엔 그지없이 좋았다.

배를 타고 가는 동안 TV에서는 이름난 무희(舞姬)들이 나와 노래와 춤으로 우리의 마음을 현란(絢爛)케 했다. 더 오래 계속 되었으면 좋았으련만, 그 즐거움도 잠시였다. 잠시지만 가무음곡(歌舞音曲)에 취해 탈속(脫俗)의 기쁨을 누렸다.

우리가 내렸던 곳은 이 섬의 관문(關門)이랄 수 있는 작은 섬의 선착장이었다. 이곳을 드나드는 사람들의 표정은 모두가 밝고 즐거워 보였다. 작은 섬과 큰 섬 사이에는 300여 미터가 넘어 보이는 최신식 공법의 '여자대교 또는 붕장어다리'가 놓여 있었다. 직선으로 만들어진 다리가 아니요, 곡선으로 온갖 기교를 부려 만들어진 다리이다. 직선미를 누르고 곡선미가 성공을 거둔 다리이다. 많은 낚시객들을 불러들이고, 굽이마다 짐을 풀고 앉아 조어(釣魚)하기에 좋도록 만들어졌다. "선창가 고동 소리옛님이 그리워도"를 연창하며 한없이 걷고 싶은 다리이다. 젊은 연인들이 모여들어 수많은 밀어와 사랑을 속삭이며 그들의 열정을 불태우는 다리이다. 이 다리는 여자도의 자존심이요, 또한 명물이다.

틈만 나면 해구(海鷗)들이 날아들어 난간에 앉아 쉬었다 간다. 그들이 함부로 갈겨 싼 하얀 분뇨(糞尿)는, 하얀 물고기를 잡아먹은 탓인지 다리 위를 온통 하얗게 채색해 놓았다.

이 다리가 있어 여자도는 활기 넘치는 섬이 되었고, 현대 문명을 호흡하는 자랑스러운 섬이 되었다. 이 다리가 없던 옛날에는 뗏목이나 배로 건넜겠지만, 지금은 이 다리가 있어 금석지감(今昔之感)을 느끼게 하는 다리가 되었다.

하늘은 푸르고, 바다도 푸르고, 산도 푸르다. 사주(四周)가 온통 푸르름으로 차니, 이곳 사람들은 푸르름 속에서 산다. 염기(鹽氣)를 머금은 해풍은 간단없이 불어와 이곳 사람들의 폐장을 튼튼히 하고, 바다에서 얻은 고급 단백질을 생활식으로 하며 사니, 모두가 건강하고 무병장수를 누리며 산다.

하늘은 높고, 바다는 창망(滄茫)하고, 섬에는 송림(松林)이 우거져 있어, 송도(松島)라 해도 좋을 듯하다

이곳 사람들은 마음 쓰임이 넓고, 기개(氣槪)가 곧고, 순박하다. 이곳 섬에는 100여 가구가 살고, 270여명의 주민이 산다. 밭은 가꾸어 그 소산으로 온갖 식재료를 삼고, 바다가 그들의 삶의 터전인지라, 바다가 그들의 천혜(天惠)의 혜택을 누리게 하는 곳이다. 물 위에는 갈매기떼들의 부침(浮沈)이 한가롭고, 날이 저물면 방파제로 모여들어 기도승처럼 긴 기도에 든다. 이곳 사

람들은 높은 파도와 세찬 바람을 벗하여 사는지라, 어지간한 세파(世波)는 끄떡도 하지 않는다. 잘 견디고 잘 적응하며 산다. 고기를 잡아 절약하여 먹고, 남은 것은 팔아 자식들을 밖으로 내보내 고등교육을 시킨다.

여자도는 내가 다니는 교회의 김 혜옥 자매가 태어난 곳이다. 밖으로 나가 고등여학교를 졸업하고, 박 창제라는 여수 의인을 만나 가정을 꾸렸다. 내리받은 정기(精氣)가 좋아 화성이와 동규 같은 똑똑한 놈들을 낳아 세상에 내놓았다. 재능이 좋은지라 서울의 명문대학에 들어가 공부하였고, 지금은 대기업에 들어가 당당한 나라의 동량(棟梁)이 되었다.

뿌리가 튼튼하면 가지가 튼튼하고(根固枝榮), 가지가 튼튼하면 잎사귀가 무성하다(枝榮茂葉). 뿌리가 깊으면 심한 가뭄에도 마르지 않고, 땅속 깊은 곳에서 수액을 빨아올려 잎사귀에까지 이르게 한다.

배를 타고 나가 고기를 잡는 일이 쉬운 일이 아닌데도, 큰 기쁨으로 여기며 사니, 이곳이 곧 그들의 천국이요 영원히 살아야 할 고향이다. 김자매의 동생 부부는 평생을 이곳에서 살아온 토박이 부부이다. 아무리 좋은 곳이 있다 해도, 이곳만이 그들이 살아야 할 영원한 낙토(樂土)이다.

사람은 사람으로 태어나서 사람으로 살다가 간다. 이것이 곧 인간의 숙명이요 인간의 생활사(生活史)다. 할 수만 있다면 한 곳에서 태어나 살다가 그곳에서 묻히는 것이 우리 모두의 욕원(欲願)이다. 아무리 먼 곳에서 떨어져 살다가도 죽으면, 옛집으로 돌아와 그곳에서 묻혀 영면(永眠)하고자 한다. 이것이 곧 다름 아닌 우리 모두의 귀소본능(歸巢本能)이다.

화살처럼 흐르는 수유(須臾)의 세월 속에, 거역할 길 없는 대자연의 변화에 순응하며 산다. 세월에 밀려 살다가 기운이 다하면 가지만, 고향은 우리의 뿌리요, 우리가 살다 가야 할 영원한 곳이다.

이곳이나 저곳이나 장소적 차이이지, 살기는 매양 마찬가지다. 그곳에 없는 곳이라고는 아무것도 없다. TV, 냉장고, 에어컨, 전기, 수도, 마트, 커피점… 없는 것이 없다. 그야말로 섬에서 누리는 도시의 생활이다. 먹을 것이 넘쳐 배불리 먹고, 응급환자가 생겨도 걱정할 일이 조금도 없다. 서로 다투어 배를 내어 육지에 119까지만 갖다 대면 된다. 여자도는 옛날의 고도(孤島)가 아니요, 현대 문명의 혜택을 마음껏 누리며 사는 즐겁고 안온(安穩)한 곳이다.

그곳 투어를 마치고 돌아오려 하니, 김자매의 친정집에서 꽃게를 삶아 내놓았다. 그 비싼 꽃게를 대야에 가득 채워 내놓으며 먹으라고 했다. 많은 수가 한자리에 모여 앉아 모처럼 만에 꽃게 포식을 했다. 난생처음 있는 일이요, 오래 기억에 남을 일이다.

그곳 섬에는 김자매 남동생 부부가 모친을 모시고 산다. 그 집에 들어가서 안쪽을 들여다보니, 문지방 위에 '상서운집'(祥瑞雲集)이라는 글귀가 걸려 있었다. 상서로운 기운이 구름처럼 이 집으로 몰려든다는 뜻이다. 그래서 그런지 하는 일이 잘 되고 가족 모두 건강하다. 노모가 82세인데도 허리가 꼿꼿하고 말소리에 조금의 흐트러짐이 없다.

이곳이나 저곳이나 사람 사는 곳이고, 어느 쪽이나 조금의 불편도 없이 산다. 옷매무새도 똑같고 먹고사는 것도 조금의 부족함이 없다.

육지에 산다 해서 유세(有勢)할 일이 조금도 아니다. 어느 곳에 살든 열심히 살고 정 들여 살면, 그곳이 곧 내가 살아야 할 곳이다. 분수를 잘 지키며 살고, 서로가 잘 어울려 살면, 하늘의 축복을 받아 산다.

10월 3일 개천절 날, 코발트 빛 청명한 하늘 아래, 여자도 투어를 교회 회원들과 같이 즐겼다. 그날의 음식은 교회 자매들이 만들어 왔다. 그야말로 산해진미였다. 그들은 늘 베푸는 데서 큰 기쁨을 누린다고 했다.

여자도는 아무리 어려운 일이 있어도 서로 돕고 의지하며 사는 자가 일촌(自家一村)이다. 천국해촌(天國海村)이라 이를 만큼 살기 좋은 곳이다. 여자도 투어를 주마간산격(走馬看山格)으로 쓰고 나니, 쓰지 못한 것이 있어 아쉬움이 없지 않다. 여자도에 대한 당초의 호기심도 어지간히 충족된 지라, 여자도 연가(戀歌)를 힘차게 부르며 아쉬운 작별을 해야 했다. 여자도 만세, 만만세!

까치밥나무 이야기

한 정원사가 자기 집 정원에 있는 까치밥나무에게, 나는 네가 어떤 나무가 되어주기를 원하는지 아느냐?

과일이 주렁주렁 열리는 그런 나무도 아니고, 잎이 무성하여 나그네들이 쉬어가는 그런 나무도 아니다.

네 이름 그대로 까치밥나무가 되어 까치밥이 주렁주렁 열리는 그런 나무가 되어주기를 원한다. 그래야 까치들이 몰려와서 까치밥을 따먹으며 즐겁게 놀다 갈 게 아니냐? 까치밥나무에 까치밥이 열려있지 않으면, 까치들이 다시는 놀러 오지 않을 게 아니냐.

○ 엄마 품은 늘 따뜻해야 하고, 엄마 품이 따뜻하지 않으면, 엄마 품에 안기려 하지 않고, 아빠 말씀이 바르지 않으면 그 말씀을 따르려 하지 않는다.

○ 가르치는 자가 힘써 가르치지 않으면, 사제동행(師弟同行)의 길이 막히고, 벗과 벗 사이에 믿음이 없으면, 그 관계가 곧 끊어진다.(朋友有信)

○ 길이 멀어야 나귀의 힘을 알고(路遙知馬力), 세월이 많이 흘러야 사람의 깊은 마음을 안다.(日久見人心)

대미(大尾)를 접으면서

무슨 일이든 그칠 때를 잘 알아서 거쳐야 한다. 이런 것을 일러 지지(知止)라고 한다. 지지의 공덕을 알지 못하고 무한히 하려고 하다간 되레 큰 낭패를 당한다.

사람의 생명 또한 무한하지 않다. 그래서 세월유장(歲月悠長)에 인생유한(人生有限)이라고 했다. 아무리 좋은 일도 그쳐야 할 때가 되었다 느껴지면 바로 그쳐야 한다.

그전에도 여러 차례 글을 그만 쓰겠노라고 약속했지만, 그러지 못했다. 이번에도 그러는 것이 아닌가 할 터이지만, 사실 이젠 더 쓸 힘이 없다. 힘이 있어야 기(氣)가 살고, 기가 살아야 의욕이 생기는 것이 아닌가.

몸의 모든 부위의 움직임이 옛날 같지가 않다. 눈도 옛날처럼 밝지 못하고, 머리도 옛날처럼 맑지 못하다. 글 쓰는 일이 결코 쉬운 일이 아니다. 쓴 글귀도 수차례의 퇴고(推敲)의 과정을 거쳐야 글다운 글이 된다. 그렇게 많은 글을 썼는데도, 그 흐름이 유려(流麗)하지 못하고 막히는 데가 아직도 많다.

사람은 천생적으로 타고난 쓰임새대로 살다가 간다.(天生我材必有用) 타고난 것은 잘 타고났지만, 그간 갈고 닦는 일에 노력이 부족하여 어중간(於中間)한 것들을 내놓았다. 그러나 이 정도라도 세상에 내놓아 세상의 한구석을 비추고 가니 지족(知足)의 기쁨을 느낀다.

독자들 중에 한 여인의 피맺힌 절규는 천추(千秋)를 거듭해도 잊혀질 것 같지 않다. 책을 통해 한 여인의 영혼을 구해준 것 같고, 하마터면 해체될 뻔한 가정을 구했으니, 참으로 큰 기쁨을 느낀다. 그간의 찌든 피로가 설산(雪山)의 눈이 녹아내리는 듯했다.

나의 집에 없는 책은 출판사에서 구해서 읽었다는 한 독자의 이야기도 감명적이고, 사서삼경(四書三經)을 독파한 이 계선이라는 친구의 독후감도 매우 감동적이다. 그도 10여권 이상의 책을 쓴 친구이지만, 내 책을 정밀(精密)하게 읽고 내 호(号)까지 지어 보냈지만, 나는 원래 号를 안 쓰는 사람이다. 마음 쓰임이 아름답고 처신이 현명하다고 하여 가현(佳賢)이라고 지어 보냈지만, 나는 그런 사람이 아니고 그에 훨씬 못 미치는 사람이다.

브리검영(미국) 대학교에서 24년 간의 교수 생활을 마치고 한국에 돌아와 쉬고 있는 최동설 교수는 내가 보내준 책을 읽고, 노벨문학상 감이라고 했다. 전적으로 분(分)을 초월한 극찬이다.

사람이 책을 만들고, 사람 또한 책에 의해서 교화(教化)된다. 지금의 고도의 문명사회도 책에 의해서 만들어지고, 현대인의 정신적 지주 또한 책에 의해서 지탱된다. 손에서 책을 놓지 말라(手不釋卷) 하였은 즉, 늘 책과 벗하여 살면, 언젠가는 자기도 모르는 사이에 크게 변화되어 있는 자신을 발견하게 될 것이다. 그런 변화를 확실하게 믿고, 그 믿음대로 행하는 자는 이웃과 세상을 변화시키는 큰 동력이 될 것이다.

이 세상에 가정보다 더 소중한 곳은 없다. 좋은 가정을 남기고 가면 이보다 더 잘하는 일은 없을 것이다. 큰 아들 양수는 대학에서 강의하고, 둘째 아들 창언이는 어느 기업체의 건설팀장이며, 셋째 아들은 도중에 잃었다. 참척(慘慽)의 슬픔이 살을 에이게 한다.

세 며느리는 모두 다 마음씨가 곱고, 남편 공대와 자녀교육에 헌신적이다. 이들의 노고에 깊은 감사의 염(念)을 표한다.

손녀 지윤이는 영어 교사이고, 창우, 상진, 정운, 그리고 예운이는 L.S 주식회사 직원이고, 승운, 민진 너희들 모두 Fighting이다! 공부 열심히 하고, 씩씩하고 당당하게 살아야 한다. 하는 일 열심히 하면, 그 결실도 크다 하였다. 너희들 모두가 나의 가족인 것에 감사하고, 너희들과 같이 사는 것에 큰 행복을 느낀다. 온 가족의 화합과 건강을 위해서 헌신 봉사한 안 명자 내자에게 깊은 감사의 염을 표한다.

선한 자는 그가 쌓은 것에서 선을 내고, 악한 자는 그가 쌓은 것에서 악한 곳을 낸다 하였다. 악한 것이 우리 마음속에 들어오지 못하도록 해야 한다(邪不犯正). 재물을 구하기 전에 먼저 지혜를 구하라 하였고, 바르게 살면 근심과 두려움이 없다 하였다(正道無憂).

그간 내 책을 읽어준 애독자 여러분에게 감사하고, 여러분의 앞날이 승승장구(乘勝長驅) 활기찬 앞날이 되기를 기원한다. 이것으로 나의 인생의 대장정(大長程)의 대미를 접는다. 이 어지러운 세상을 위해 우리 모두 축복의 기도를 올리자.

■ 저자소개

정영배(丁永培)

전남 여수시 양지1길 5 (미평동) 선경아파트 308동 901호
Tel. 061-653-8410

약력

전남대학교 영어영문학과 졸
동대학원 졸
전 여수대학교 영어영문학과 교수
미국 브리감영대학교 연구교수
전 한국 영어영문학회 회원
여수대학교 교무처장 역임
학생처장 역임
학생생활지도 연구소장 역임
도서관장 역임
人間時代 학술 및 편집고문
文藝思潮 수필부문 신인상 수상
文藝思潮 문인협회 회원
한국문인협회 회원

번역물

놋활 (The Bronze Bow)
붉은 조랑말 (The Red Pony)

수필집

晩秋閑想
아침이 오는 소리
인생 연가(人生戀歌)
회오(悔悟)의 향기
사랑의 현자(賢者)들
삶 속에 흐르는 행복의 메아리
바르게 산 자들이 누리는 幸福
향기 그윽한 인생 모년(暮年)
한 우공(遇公)이 전하는 세상 사는 이야기
여수지부 45년 사(황원(荒原)에서 피워 올린 아름다운 꽃)
삶 속에 흐르는 생명의 소리
눈 속에 봄을 기다리며
노을도 붉게 타면 아름답다

노을도 붉게 타면 아름답다

인 쇄 2022년 10월 25일
발 행 2022년 10월 31일

저 자 정영배
발행인 정성택
발행처 전남대학교출판문화원

등 록 1981. 5. 21. 제53호
주 소 61186 광주광역시 북구 용봉로 77
전 화 (062) 530-0573
팩 스 (062) 530-0579
홈페이지 http://www.cnup.co.kr
이메일 cnup0571@hanmail.net

값 13,000원

ISBN 978-89-6849-916-6 (03810)